頻出25パターンで

英文契約書

の修正スキルが身につく

本郷貴裕 ［著］
Takahiro Hongo

中央経済社

はじめに
～なぜ，英文契約書の修正は難しいのか？
本書はそれをどのように解決するのか？～

なぜ，英文契約書の修正は難しいのか？

「英文契約書を読むことは何とかできるのですが，修正することには自信が持てません」。

このような声をよく聞く。筆者もそうであった。読むことは，辞書を片手に何とかできても，修正するとなると，和英辞典で調べて出てきた英単語をそのまま用いてよいのか自信がもてなかった。自分が修正のために書きたい内容を表している条文そのものを参考書や他の契約書の中にみつけることができれば，その部分を書き写すことで安心して修正できるが，そのような条文がいつでも都合よく簡単にみつかるとは限らない。自信をもって修正できるようになるためには，実際の英文契約書でよく使われる英単語を自分で使いこなせるレベルになる必要がある。しかし，そうかといって，英文契約書に登場するすべての英単語についてマスターすることは大変である。

「効率よく，修正スキルをアップさせるための修正パターンのようなものはないのだろうか……」。筆者は長年こう考えていた。

契約書を修正する目的とは何か？

そもそも，私たちは，何のために契約書を修正するのだろう。それは，「自社にとって不利な内容を正すため」である。もちろん，できるだけ自社に有利な契約を結びたいという気持ちはあるが，相手がいる以上，自社だけに有利な契約を結ぶことは難しい。私たちがまず目指すべきは，「自社に不利でない契約」である。

では，どのような契約が，自社にとって不利となるのか。これがわかれば，修正のパターンがみえてくる。そして修正のパターンがみえてくれば，そのために使いこなせるようになるために重点的に力を入れるべき英単語・表現をある程度絞ることができるはずである。そうすれば，効率よく，修正スキルを高めることができるようになるだろう。

自社にとって不利となる契約とは？

これは，大きくは以下の3つである。

1つ目は，「相手方当事者に課したい義務・責任が適切に定められていない契約」である。相手方当事者に義務や責任として定められていない事項は，最終的には自社が負うことになりかねない。

2つ目は，「自社に過大な義務・責任を課す条文」が定められている契約である。自社が負う義務や責任が大きいと，それだけ自社に不利だといえる。

3つ目は，「意味が不明確な文言」が定められている契約である。不明確だと，契約締結時には想定していないような意味として解釈され，それによって自社が損害を被るおそれがある。

よって，「契約書を修正する」とは，主に次の3つのことであるといえる。

---

① 相手方当事者に課したい義務・責任または自社の権利を追記すること
② 自社に課されている過大な義務・責任を狭める，または緩めること
③ 不明確な内容の条文を明確にすること

25個のパターンで修正スキルをアップさせる！

ここで，試しに②について考えてみよう。自社に課せられた義務や責任が重すぎる，または範囲が広すぎると感じた場合，「～を除く」という文言や，「～に制限される・～を上限とする」のような修正をしたいと考えるだろう。このとき，「～」の部分に入る可能性のある単語はいくらでもある。なぜなら，取

引相手がどのような条文を定めてくるかは，まさにその相手次第であり，それによって自社が何を除くべきか，責任をどこまでに限定するべきかが違ってくるからである。ときには，通常の取引では決して求められないような厳しい義務・責任を相手から求められることもあるだろう。その場合，「〜」に入る単語も通常の修正の場合とは異なってくるかもしれない。つまり，事前に上記の「〜」に入る可能性のある単語のすべてを短期間で身につけるのは簡単なことではない。

　一方，「〜を除く」，「〜に制限される」，そして「〜を上限とする」の下線部分に該当し，かつ，英文契約で通常用いられる表現の数は限られており，身につけるのに大して時間も労力もかからない。

　このことから，英文契約の修正スキルを短期間で効率よくアップさせるためには，次のような方法がよいとわかる。

---

1. 「〜を除く」，「〜に制限される」，そして「〜を上限とする」の下線部分のような修正で使う頻度が高い表現を集中的に覚え，そして実際に使えるようにする。
2. 一方，「〜」に入る可能性のある単語は，今後実際に英文契約業務に関わっていく中でいろいろな条文を読む機会を持つだろうから，その過程で少しずつ使える語彙力を増やしていけばよい。

　本書では，契約書を修正する必要がある①〜③に当たる場合について，1にあるような修正の際に使う頻度が高い25パターンを抽出し，それらについて詳しく解説する。具体的には，以下のとおりである。

- パターンごとに，実際の契約書でよく問題となる例文を取り上げ，**問題点と解決策を提示する。**
- 修正の際に，実務でよく使われる英単語・表現を1つではなく，**できるだけ複数紹介する。**実際に自分で修正する際にはどの表現を使うかをあらかじめ決めておけば，実戦で役に立つ。

リライトをとおしてシンプルな英文でよいのだというマインドをもつことができるようになる

　さらに，契約書の修正を必要以上に難しく感じてしまう理由として，参考書やネイティブの書く英文が過度に複雑な構造をしているため，「自分には，それと同じような英文を書くことはとてもできない」と思ってしまうということもある。しかし，実はそれは，実質的な意味を変えることなく，シンプルな表現で書き表すことができる場合もある。

　また，例えば，「売主の契約不履行は，買主に本契約の解除権を与える」という日本語があったとする。これは，「売主が契約に違反したら，買主は本契約を解除できる」といい換えることができる。前者よりも後者のほうがシンプルで，誰にでもスッと理解できる文章だと感じていただけると思う。これと同じようなことが，英文契約書の中でもある。つまり，ネイティブの書く条文や参考書の例文が，自分にはとても書けそうにない複雑なものだとしても，必ずしもそれと同じように自分も書かなければならないわけではなく，同じ内容をよりシンプルな形で表すことができるのである。本書の第Ⅵ章では，難解な英文をシンプルな英文に「リライト」する過程を解説する。

　本書で紹介する25個のパターンですべての修正事項をカバーできるわけではないが，まずは頻出パターンを押さえるというのはあらゆる分野における上達の基本である。英文契約初学者の方が，本書で紹介する25個のパターンを使いこなせるようになり，そしてリライトする過程をとおして「シンプルな英文でよいのだ」と理解できれば，修正スキルは大きくアップする。と同時に，業務の効率が飛躍的に高まるのを感じるはずである。ぜひ，本書で繰り返し練習してみていただきたい。

目　　次

第 **I** 章

権利・義務・責任・保証を 追記する方法

この章では，本来契約書に記載されていなければならない相手方の義務・責任や自社の権利が定められていない場合に，それを「追記」するために必要となる表現を解説する。これらは，契約を修正するために必要となる最も基本的な表現といえる。のみならず，契約書を読んで理解するためにもこれらの表現への理解は欠かせない。

パターン
1 義務を定める方法

作為義務：「～しなければならない」

　契約書の修正で最も基本的なものは，「相手に新たな義務を課す」ことである。そこでまず，「契約当事者は……する義務がある」または「契約当事者は……しなければならない」という意味の表現を覚えよう。これには，以下のようなものがある。

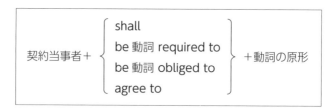

　上の4つの中で，義務を表す際に最もよく使われるのは，shall である。「～しなければならない」は must である，と習ってきたと思うが，英文契約書では通常，契約当事者の義務を表す際に must は使われない点に注意してほしい。

　2つ目の be required to do は直訳すると「～することを求められている」となるが，これで shall と同じく，義務を表す。

　4つ目の agree to do は直訳すると「～することに同意する」という意味だが，ある行為を行うことに同意するということは，契約上は，その行為をすることが義務となる，ということになる。

　もっとも，義務を表すために agree を使うのはおかしいともいわれている。というのも，英文契約書は，本文に入る前の頭書と呼ばれる部分で，次のような表現があるためである。

> …… the parties hereto **agree** as follows:
>
> 本契約の当事者は，以下のように合意する。

【Vocabulary チェック】

the parties hereto＝the parties to this Agreement　本契約の当事者／as follows:　以下のように

　この後に，契約当事者の義務が記載されていく。その際に，例えば，次のような条文が定められていたら，「両当事者は，売主が合意することについて合意する」となり，不自然である。

> …… the parties hereto **agree** as follows：
>
> ……
>
> The Seller <u>agrees to</u> deliver the Product to the Purchaser before the Deadline for Delivery.
>
> 売主は，納期までに製品を買主に引き渡すことに合意する。

【Vocabulary チェック】

deliver　〜を引き渡す／delivery　引渡し／deadline　期限

　よって，当事者の義務を表す場合に，上で紹介した4つの中で agree to do はあまり使わないほうがよいといわれることがある。上の例文でいえば，次のように書くのが自然であろう。

> The Seller <u>shall</u> deliver the Product to the Purchaser before the Deadline for Delivery.
>
> 売主は，納期までに製品を買主に引き渡さなければならない。

　また，次のような条文が定められていることもある。

> ⋯⋯ the parties hereto **agree** as follows:
> ⋯⋯
> <u>The Parties agree that</u> the Seller shall deliver the Product to the Purchaser before the Deadline for Delivery.
> 契約当事者は，売主が，納期までに製品を買主に引き渡さなければならないことに合意する。

　この例文では，下線部分は明らかに不要である。前述したように，英文契約書の頭書には，「契約当事者は，以下のように合意する」と記載されているので，本文中で重ねて「契約当事者は～と合意する」と記載することは「合意する」ということを二重に定めることになるためである。

禁止・不作為義務：「～してはいけない」

　上で紹介した表現は，ある行為を行うように契約当事者に積極的に義務づけるものであった。これを**作為義務**という。一方，ある行為を行わないように契約当事者に義務づける，つまり，「～してはいけない」というように，ある行為を**禁止**する場合もある。これを**不作為義務**という。これは，次のように書く。

契約当事者＋ **shall not** ＋動詞の原形

　この不作為義務を書く際に注意したいのが，be **not** required to do や be **not** obliged to do とは書かない点である。ここで，「義務を表す際には be required to do や be obliged to do を使えるのだから，それを否定する be not required to do や be not obliged to do は不作為義務を表すのでは？」と思った読者もいるかもしれない。しかし，それは誤りである。以下の例文をみてほしい。

> The Receiving Party **shall not** disclose the Confidential Information to any third party.

【Vocabulary チェック】

receive　〜を受領する／disclose　〜を開示する／confidential information　秘密情報

　これは，「受領当事者は，秘密情報を第三者に**開示してはならない**」という意味である。一方，be not required to do を用いた次の英文はどうか。

> The Receiving Party **is not required to** disclose the Confidential Information to any third party.

　これは，「受領当事者は，秘密情報を第三者に**開示する**ことが求められていない＝**開示する義務はない**」となる。つまり，「義務・責任が存在しない」ことを表しているだけであり，受領当事者は，秘密情報を<u>開示しなくてもよいが，開示してもよい</u>，という意味になってしまう。これは is not obliged to do を用いた場合も同じである。これでは，「開示してはならない」という「禁止」の意味が全く表されていないことになる。

　よって，「〜してはならない」という禁止・不作為義務を表す際は，**shall not** を使わなければならず，**be not require to do** や **be not obliged to do** を使ってはならないのである。

コラム① ～平易な英語運動（Plain English Movement）と shall～

「英文契約で契約当事者の義務を表すためには，shall を用いるべき」というのは，英文契約に関するどの参考書にも書かれている。しかし，最近，「shall ではなく，現在形を用いるべき」という動きが世界的にはある。これは，「Plain English Movement（平易な英語運動）」ともいわれる運動の一環である。実際，英国で普及している海外向け建設契約の標準約款の１つである NEC（New Engineering Contract）では，以下のように，契約当事者の義務を表すために shall は用いられず，現在形で条文が定められている。

（NEC4 の 21.2 の２段落目から引用）
The Contractor <u>does not</u>（※通常 shall not と記載されるところ）proceed with the relevant work until the Project Manager has accepted its design.
　請負者は，プロジェクトマネージャーがその設計を承認するまで，該当する仕事を<u>進めてはならない</u>。

　また，「モノ」や「契約当事者以外の者」の義務を表す際には，shall ではなく，次のように must を用いるべき，という考え方がある。

The Product <u>must be delivered</u> to the Purchaser by the Seller before the Deadline for Delivery.
　製品は，納期までに，売主によって買主に<u>引き渡されなければならない</u>。

　さらには，「契約上の義務・責任が生じるための条件を定める条文では，shall ではなく，must を用いるべき」という考え方もある。「契約上の義務・責任が生じるための条件」とは，例えば，次のようなものである。売買契約の売主は，保証期間中に不適合が発見された場合にそれを無償で修理・交換する責任を負うのが通常であるが，売主がこの保証責任を負うのは，買主が不適合発見後一定期間内に売主に対して不適合の性格を書面で通知したときに限るという定めがあったとする。

　この場合，「買主が売主に不適合の性格を書面で知らせる行為」は，売主が保証責任を負うための「条件」である。よって，「買主は売主へ不適合について<u>通知しなければならない</u>」という部分では，以下のように shall ではなく，must

を使うべきだという考え方である。

If the Purchaser finds any Defect in the Product within the Warranty Period, the Purchaser <u>must</u> give written notice to the Seller stating the nature of the Defect. The Seller shall repair, replace, or make good the Defect at the Seller's cost within a reasonable time after the receipt of such notice.

　買主が保証期間中に製品の不適合を発見したら，買主は売主に対して不適合の性格を記した書面の通知を<u>発行しなければならない（※ここは売主に保証責任を負わせる条件なので，shall ではなく，must を使用している）</u>。売主はかかる通知の受領後合理的期間内に，無償でその不適合を修理または交換しなければならない。

　しかし，自分で契約書をドラフトする場合も，取引相手から送付される契約書を修正する場合も，Plain English Movement に沿って，shall を使わずに現在形や must で書くことには，難しい問題がある。例えば，職場の先輩や上司が日本語で「〜しなければならない」という意味になる箇所にはとにかく shall を使うように求めている場合や，取引相手がことごとく shall を用いている場合に，「いや，今は Plain English Movement というものが世界的にあって……」と説明しても，なかなか理解を得られないだろう。あえて shall を用いないようにすると，「契約書で義務を書き表す際には shall を使うという基本的なルールを知らないのか？」と思われてしまうかもしれない。実際，現実の業務で扱われている契約書の中では，とにかく shall が頻繁に用いられている。Plain English Movement はたしかに存在するのだろうが，それが実務に十分に浸透しているわけではない。そして，実際，shall を多用しても，「権利として書くべき場合なのに shall を充てる」ということをしなければ，問題が生じることはまずない。よって，どこまで Plain English Movement を意識したドラフト・修正をするかは，相手方から送付された契約書や職場の先輩・上司の方針などに合わせるようにするのが現段階では無難であるだろう。したがって，本書でも，基本的には，実務に合わせて，「モノ」や「契約当事者以外の者」が主語の場合でも，条件を表す場合でも，shall を用いた例文としている。

2 権利を定める方法

次に，権利を表す表現を紹介する。契約書に主に定められているのは，契約当事者間の権利・義務・責任関係なので，この表現も義務と同じくらい重要である。

契約当事者＋ ⎰ may / be 動詞 entitled to / have the right to ⎱ ＋動詞の原形

なお，be 動詞 entitled to ＋名詞でも権利を表すことができる。

権利は，「～することができる」という意味なので，中学校で習った can を用いたくなるかもしれないが，英文契約では，can は「物理的に何かをする能力がある」ということを表す際に使われ，権利を表す場合には使われないのが通常なので注意しよう。

ここで，権利と義務の関係について確認しておこう。権利と義務は，表裏一体の関係にある。どういうことかというと，例えば，売買契約において，売主が製品を買主に引き渡すことを条文として定める場合，次のように 2 つの書き方がある。

① The Seller **shall deliver** the Product to the Purchaser.
（売主は，製品を買主に引き渡さなければならない。）
② The Purchaser **may require** the Seller to deliver the Product to the Purchaser.
（買主は，製品を買主に引き渡すように売主に対して求めることができる。）

つまり，①は売主の**義務**として，反対に②は買主の**権利**として書いている。
また，対価の支払に関しても，同じように2つの書き方がある。

---

① The Purchaser **shall pay** the Contract Price to the Seller.
（買主は，売主に対して，契約金額を支払わなければならない。）
② The Seller **is entitled to payment** of the Contract Price.
（売主は，契約金額の支払を得る権利がある。）

どちらで書いても法的な効果に違いはない。ただ，一般的には，義務の形である①で定められることが多い。よって，相手に何かしてほしいことがあり，それを契約書に定める場合には，まずは①のように義務の形で書くことを検討してみよう。ちなみに，権利の形で書かれるのが普通とされているものとしては，次のようなものがある。

The Contractor <u>may suspend</u> performance of all of the obligations under this Agreement.
請負者は，本契約に基づく義務のすべての履行を中断することができる。
The Purchaser <u>is entitled to terminate</u> this Contract.
買主は，本契約を解除することができる。

【Vocabulary チェック】
suspend　〜を中断する／terminate　〜を解除する

では，上で学んだ表現を用いて，秘密保持契約，ライセンス契約，売買契約，そして請負契約などで登場する様々な義務や権利を英語で書く練習をしてみよう。

練習問題

【秘密保持契約】

① 受領当事者は，秘密情報を第三者に開示してはならない。

② 受領当事者は，秘密情報を開示当事者に返還しなければならない。

●答え

① The Receiving Party shall not disclose the Confidential Information to any third party.

② The Receiving Party shall return the Confidential Information to the Disclosing Party.

【ライセンス契約】

① ライセンサーは，技術情報をライセンシーに提供しなければならない。

② ライセンサーは，ライセンス製品（Licensed Products）と競合する製品を設計，製造または販売してはならない。

●答え

① The Licensor shall provide the Technical Information to the Licensee.

② The Licensor shall not design, manufacture or sell any product that competes with the Licensed Products.

【売買契約】

① 売主は製品を買主に引き渡さなければならない。

② 買主は対価を売主に支払わなければならない。

●答え

① The Seller shall deliver the Product to the Purchaser.

② The Purchaser shall pay the Contract Price to the Seller.

> 【請負契約】
> ① 請負者は，製品を設計および製造をしなければならない。
> ② 請負者は，納期延長と追加費用の支払を得ることができる。

●答え

① The Contractor shall design and manufacture the Product.

② The Contractor is entitled to an extension of time and payment of any additional cost.

> 【請負契約】
> ① 発注者は，請負者に仕事の中断を求めることができる。
> ② 発注者は，契約書を解除することができる。

●答え

① The Owner may require the Contractor to suspend the work.

② The Owner may terminate this Agreement.

疑問を解決しよう！

ここまでのところで，次のように感じた読者もいるかもしれない。

「……ということは，義務を書きたいときは shall／shall not を使い，権利を書きたいときは may／be entitled to を使えばよいというようにとてもシンプルなことになる。しかし，私は，何度か英文契約書を読んだことがあるが，必ずしもそのような単純な話ではないように思う。例えば，上で紹介された書き方に当てはまらない次のような複雑な書き方がなされているときもあるのではないか⁉」

> 契約当事者＋ shall be entitled to do
> 契約当事者＋ shall be required to do

　こうした疑問は，筆者が英文契約の勉強を始めた時も感じた。そして，このことは，初学者の方々を大いに混乱させ，必要以上に「英文契約って難しい！」「やっぱり自分には理解できない！」と思わせることにつながっていると思う。そこで，この点について以下に詳しくお答えしたい。

shall be entitled to do／shall have the right to do

　次のような条文をみたことがある読者もいるかもしれない。

> The Purchaser <u>shall be entitled to</u> terminate this Agreement by giving written notice to the Seller.

【Vocabulary チェック】
terminate　〜を解除する／written　書面の

　実務では，下線部分のように，shall be entitled to do という記載をよくみかけるが，これは不自然な書き方である。なぜなら，**shall** は**義務**を意味し，**be entitled to do** は**権利**を意味するためである。この英文を，多少不自然だとしても，shall と be entitled to do の意味を反映するように日本語に訳すと次のようになる。

　「買主は，売主に対して，書面の通知を発行することで，本契約を解除する<u>ことができるようにしなければならない</u>。」

　これでは買主が解除する義務を負うのか，それとも権利をもっているのかすぐには判断がつかない。ただ，契約解除というものはいかなるものかを考える

と，「解除したいと考えた契約当事者が<u>自らの意思で解除を選択するもの</u>」で
あって，逆に「自分が解除することを<u>相手から強制されるもの</u>」ではない。
よって，上の条文でも，結局は「買主が契約解除できること」＝「買主に解除
する権利がある」旨を定めているのだろうと考えられる。したがって，義務を
表す shall は不要で，単に権利を表す be entitled to do だけで十分である。

The Purchaser ~~shall be~~ is entitled to terminate this Agreement by giving
written notice to the Seller.
買主は，売主に対して書面の通知を発行することで，本契約を解除することが
できる。

　この点，「shall は**未来**のことを表す文言である。上の例文でも，買主が契約
締結後の未来のどこかの時点で契約を解除できることを示すには，shall が必
要なのだ。よって，この shall は余計な文言ではない」との反論があるかもし
れない。しかし，もしも未来のことにすべて shall を付けないといけないので
あれば，そもそも契約書に定められる事項は「契約締結後に誰が何をするの
か」という未来のことが記載されているのだから，ほぼすべての条文に shall
が含まれていないといけないことになる。しかし，必ずしもそのように shall
が使われているわけではない。また，「契約書に書かれていることは基本的に
は契約締結後である未来のこと」であることは当然なのだから，あえていちい
ち未来を意味する文言を付ける必要性は乏しい。
　また，「この shall は強調の意味であるから，やはり意味がある」という考
えもあるかもしれない。しかし，契約書では基本的に強調する表現は不要であ
る。というのも，強調の有無で法的な効果に違いが生じることはほぼないから
である。これは，次のような具体例で考えるとわかりやすい。

---

① 「絶対に，必ず，何が何でも，契約締結後 10 日以内に，買主は売主に対価
　を支払わなければならない。」

> ② 「契約締結後 10 日以内に買主は売主に対価を支払わなければならない。」

　上の２つの条文の間に法的な意味で違いがあるだろうか。契約締結後10日以内に買主が対価を支払わない場合に，買主が契約違反となるのは，どちらの条文の下でも同じである。①に「絶対に，必ず，何が何でも」と義務が強調されているからといって，それが書かれていない②よりも契約違反と認定されやすくなる，というわけではないし，①の条文の下で違反した場合のほうが，買主が売主に支払わなければならない損害賠償金額が大きくなる，ということもない。

　したがって，**shall be entitled to do** や **shall have the right to do** などのように，義務と権利を表す文言が連続している条文では，shall は不要であり，be entitled to do や has the right to do としても，または，単に may に置き換えても問題ない。

shall be required to do／shall be obliged to do

　また，次のような条文も時々みかける。

> The Seller shall be required to deliver the Product to the Purchaser before the Deadline for Delivery.

　下線部 **shall be required to** の部分で shall と be required to という義務を表す表現が２つ続いている。これは，shall のみで十分義務を書き表すことができているので，be required to を削除できる。これと同じことは，shall be obliged to do も同じである。

> The Seller shall ~~be required to~~ deliver the Product to the Purchaser before the Deadline for Delivery.

　以上から，やはり，「英文契約書では，義務を表す場合には，shall／shall not を，権利を表す場合には，may／be entitled to do を使う」とシンプルに理解することに問題ないとわかっていただけただろう。

　とはいえ，実務上は，契約相手がドラフトしてきた際に上記にあるような shall be entitled to do や shall be required to do などをいちいち間違っているとして直す必要はない。このような表現は極々普通に登場する。英国や米国の一流法律事務所の弁護士が作成する契約書にも出てくる。さらには，筆者がこれまで深く関わってきた海外向け建設契約約款（FIDIC，ENAA，JCT など）においてもそうである。そして，このように書かれているからといって，それらの条文が自社にとって不利に解釈される，条文の効力が認められない，といったことにはならない。よって自分でドラフトする際に，権利や義務を may／be entitled to do や shall／shall not を用いてシンプルに書き表すことができると知っておけばよい。もしもいちいち余計な部分を削除すると，その契約書をドラフトした人から，「なぜ削除したのか？」と質問され，それについてやはりしっかりと回答しなければならなくなり，手間がかかるだけということにもなり得る。本書中の例文も，なるべくシンプルな表現になるように心がけているが，このあたりはそこまでこだわらずに作成している。

受動態

　ところで，英文契約の条文は，次のように受動態で書かれることがよくある。

> The Contract Price <u>shall be paid</u> to the Seller in accordance with the payment terms.
> 契約金額は支払条件に従って売主に支払われなければならない。

> The Product <u>shall be delivered</u> to the Purchaser before the Deadline for Delivery.
> 製品は，納期までに売主に引き渡されなければならない。

【Vocabulary チェック】
in accordance with　〜に従って

　上の条文は，文法的には何ら誤りのない英文である。しかし，「受動態で書かなければならない」というルールはない。それどころか，むしろ，「できるだけ能動態で書くべき」といわれている。これは，契約書に限らず，英語の文章を書く際に一般的にいわれていることである。原則として受動態を避けて能動態で書くべきと考えられている理由には，次のようなものがある。

> ①　受動態にすると，「誰が行為を行う義務を負っているのか？」について書き忘れやすくなる。
> ②　能動態で書いたほうが，「誰が，誰に対して，何をする」ということがわかりやすくなる。
> ③　能動態で書いたほうが，文字数が少なくなる。

　まず，①については，上に挙げた例文では，支払をする主体である by the Purchaser がなくても（1つ目の例文），製品を引き渡す主体である by the Seller がなくても（2つ目の例文），文法的な誤りはないが，「誰の義務なのか（誰が行為を行うのか）」が重要である契約書においては，それらは明記されるべきである。日本語では，主語を省略する，つまり，「誰が行為をするのか？」を書かなくても意味が通じることが多いためか，英語の受動態を使う際にその点を書き忘れてしまいがちである。英文を作る際に行為の主体を忘れずに書くようにするには，次のように，主語を明記することが必要となる能動態で書くほうが適している。

The Purchaser shall pay the Contract Price to the Seller in accordance with the payment terms.

買主は，支払条件に従って，売主に契約金額を支払わなければならない。

The Seller shall deliver the Product to the Purchaser before the Deadline for Delivery.

売主は，納期までに買主に製品を引き渡さなければならない。

②については，そもそも，契約当事者間で裁判や仲裁などで争うことになるのは，通常，契約当事者が義務を果たさない場合である。その場合，「契約書には貴社が○○という行為を行う，と定められているのに，○○を未だにしていない。契約違反だ。責任を取れ！」という形で訴えることになる。そうだとすれば，「誰が何をする義務を負う」と書き表す能動態で条文を定めるほうがわかりやすい。

最後に③に関しては，受動態と能動態のそれぞれの条文を並べてみると，通常，能動態のほうが少ない単語で同じ意味を表すことができることがわかる。これは，受動態の場合には，be 動詞が増え，さらに，行為の主体を表すために by という文言を使うことになるからである。

受動態：The Product shall be delivered to the Purchaser by the Seller before the Deadline for Delivery.（16 語）

能動態：The Seller shall deliver the Product to the Purchaser before the Deadline for Delivery.（14 語）

もっとも，絶対に受動態で書いてはいけないというわけではない。受動態のほうが書きやすく，また，わかりやすい場合もある。そして，受動態それ自体が文法的に間違いであるわけではなく，また，能動態で書いた場合と比較して法的な効果に差が出るわけでもない。よって，shall be entitled to do や shall be required to do と同じように，契約相手が受動態で書いてきた条文をいち

いち能動態に直す必要はない。ただ、自分でドラフトする場合には、①英文契約書では、受動態で書かれていることが多いけれども、必ず受動態で書かなければならないわけではない、そして、②能動態で書くとシンプルにわかりやすく書くことができることが多い、という2つを頭に入れておけば、ドラフト・修正しやすくなる。その上で、相手方の義務が受動態で書かれている条文があった場合には、相手が行為主体であることがby〜と明記されているかを注意して読み、もしも明記されていない場合には、追記するように心がけよう（ちなみに、be required to do や be entitled to do は受動態であるが、これらはひとまとめで shall や may と同じ意味であるとすぐに判断でき、また、これらの表現を使った場合の文の主語には「契約当事者」が置かれる形となるので、上で述べた「なるべく避けるべき受動態」とは異なるものとして扱う）。

　では、受動態で書かれた以下の和文について、行為主体を補った上で、能動態の英文で書き表す練習をしよう。

練習問題

> ①　契約金額は売主に支払われなければならない。
> ②　情報はライセンシーに提供されなければならない。
> ③　秘密情報が開示当事者に返却されなければならない。

●答え

①　「買主は、売主に契約金額を支払わなければならない」という意味になるようにする。

The Purchaser shall pay the Contract Price to the Seller.

②　「ライセンサーはライセンシーに情報を提供しなければならない」という意味になるようにする。

The Licensor shall provide the information to the Licensee.

③　「受領当事者は開示当事者に秘密情報を返却しなければならない」という意味になるようにする。

The Receiving Party shall return the Confidential Information to the Disclosing Party.

コラム②　〜権利の may と可能性の may〜

　「英文契約書で権利を表す際には，may または be entitled to を使う」という
ことは，英文契約の参考書ではほぼ必ず記載されている。しかし，読者の中には，
「権利を表しているとは思えない場面でも may が用いられている」と思ってい
る人もいるかもしれない。例えば，次のような場合である。

---

such currency as <u>may</u> be agreed by both Parties

契約当事者によって合意され<u>得る</u>通貨

any loss or damage that <u>may</u> be suffered by the other Party

相手方当事者によって被られ<u>得る</u>損失または損害

　これらは，権利ではなく，「〜するかもしれない」または「〜となり得る」と
いう「可能性（possibility）」を意味している。この点，「同じ文書内で1つの英
単語が異なる意味で用いられると読み手が混乱する」という理由で，「権利を表
す場合には may を用い，可能性を表す場合には might で表すべき」との考え方
もあり，実際，契約書において次のように使われているケースもある。

---

the conditions and circumstances that affect or <u>might affect</u> the Contract
Price

契約金額に影響する，または<u>影響する可能性</u>がある条件および状況

　さらには，may と be entitled to の区別もするべきだという考え方もある。実
際，そのような区別をしようと試みていると思われる契約書に出会ったことも
ある。しかし，その数は，決して多くはないと筆者は感じている（むしろ，か
なり少数だとすら思う）。よって，shall の場合と同様に，may の使い方も，そ
こまで厳密に区別する必要はなく，権利を表すときも，可能性を表すときもど
ちらも may を使って問題ないし，be entitled to と may を区別して使う必要も
ないと考える。

パターン
3 第三者に行為をさせることを定める方法

　売買契約には，様々な義務が定められているが，これを大別すると，大きく2つに分けることができる。1つは，買主が売主にしてほしいと考えていること。そしてもう1つは，売主が買主にしてほしいと考えていることである。買主が売主にしてほしいと思うことは，「The Seller shall ＋動詞の原形」という形で，一方，売主が買主にしてほしいと思うことは，「The Purchaser shall ＋動詞の原形」という形で定められることが多いことは，パターン1で理解していただけたと思う。

　契約では，これに加えて，「第三者にある行為を義務づけたい場合」が時々ある。第三者とは，契約当事者以外の者を指す。売買契約でいえば，契約当事者は買主と売主だが，例えば，買主の取引先（最終客先）や，売主に部品を供給する，いわゆる下請けなどが第三者の例である。

　ここで，例えば，買主が売主の下請（subcontractor）に何かをしてほしいと考えたとして，契約書にどのように定めればよいだろうか。これに対する最もシンプルな答えとして，次のような条文を定めようとする人がいるかもしれない。

The Seller's subcontractor shall ＋動詞の原形

　しかし，これは誤りである。というのも，下請けは，買主と売主間の売買契約に署名をしていない。よって，その売買契約書に記載されている内容に，下請けは一切拘束されない。つまり，仮に上に記載されたような「下請けは〜しなければならない」と売買契約に定めたとしても，下請けはその記載に従う必要は一切ないことになるので，買主の目的は果たされない。

　そこで，買主として考えられる手段は，「下請けにある行為をさせることを

<u>売主に義務づける</u>」というものである。これには，次のような表現がよく用いられる。

The Seller shall <u>cause</u> the subcontractor <u>to</u> ＋動詞の原形
The Seller shall <u>procure that</u> the subcontractor ＋動詞

　こうすれば，契約に定められている行為を売主の下請けが行わない場合には，買主は「なぜ下請けにそれをさせないのか？」といって売主に対して責任を追及できる。その結果，買主が下請けに直接義務を負わせるのと近い効果を作り出すことができるようになる。

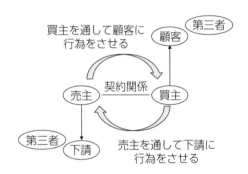

　このように，「誰かにある行為をさせる」ということを「使役」と呼ぶ。使役を表す動詞としては，get，have，make 等がなじみ深いと思うが，この他に，契約書では，上に挙げた cause や procure がよく使われる。特に，procure は，辞書を引いても，使役の意味があるとは記載されていないことがあるが，英文契約の世界では，procure that 主語＋動詞で上の例文のように使われることがあるので，ここで覚えておこう。

　では，練習として，以下の日本語を cause と procure を用いて英訳してみよう。

問題①：cause を用いて

　売主は，下請けに，本契約の添付資料5に定められている文書を買主に提供させなければならない。

　[　　　　　　　　　　　　　　　　　　　] the documents specified in Appendix 5 hereof.

問題②：procure を用いて

　買主は，その客先に，製品の受領証を売主に発行させなければならない。

　[　　　　　　　　　　　　　　　　　　] the certificate of acceptance of the Product.

●答え

問題①：The Seller shall cause the subcontractor to issue to the Purchaser

問題②：The Purchaser shall procure that the customer issues to the Seller

努力義務への変換

　なお，第三者に何かをさせることを義務として課された当事者としては，これをパターン12で解説している「努力義務」に変える修正もあり得る。というのも，第三者がある行為について「絶対にやりたくない」と考えた場合に，それでもなお行わせるためには，最終的には暴力的な手段を取らざるを得ないこととなってしまうが，それは違法となるので，できない。よって，第三者に何かをさせる義務を自社が負う場合には，以下のように，自社の努力義務として定めることが時々行われる。詳しくは，パターン12を参照してほしい。

The Contractor shall <u>use a reasonable effort</u> to cause the Subcontractor to ……

請負者は，その下請けに……をさせるための合理的な努力を尽くさなければならない。

豆知識① 〜M&A 契約における付随的義務（Covenants）〜

　「義務」は一般に，obligation や duty というが，これらと異なる単語が使われる場面がある。M&A 契約では，会社の株式が譲渡される。このとき，売主の主たる義務は，その株式を買主に引き渡すことだが，その他に，付随的な義務として，①M&A 契約締結後に対象会社の価値を減じるような行為をしてはいけない，②クロージング（M&A 契約の取引を完了すること）のために必要な行為を適切に行う，そして③競業避止義務を負うなどがある。これらは「義務」には違いないのだが，「誓約」（covenants）と呼ばれる。特に，ある行動をしないように課される義務（不作為義務）を negative covenants（ネガティブコベナンツ）と呼ぶ。

4 契約違反の場合を定める方法

　ここまでで，契約相手に新たに義務を課すことができるようになった。次は，「相手がその義務に違反した場合の効果」について定められるようになろう。この義務違反の効果を定める条文は，通常，次のような条文となる。

> ①相手方が〜という義務を果たさない場合には，②その相手方は〜する責任を負う。

🐕 **豆知識②　〜債務不履行〜**

　義務に反することを債務不履行または単に不履行という。「債務」とは，簡単にいえば「義務」のことである。そして，「履行」とは，「何かを行う」という意味なので，「不履行」は「行わない，怠る」という意味となる。

　まず，①についてみていこう。契約当事者が義務を果たさないことを英文にするには，例えば，If the Seller <u>does not deliver</u> the Product to the Purchaser by the Deadline for Delivery, のように，単純に「契約当事者＋does not ＋動詞の原形」で表すこともできるが，英文契約では，does not という文言で義務違反が書き表されることはそう多くはない。ではどう書くのかというと，次のように fail to do（〜するのを怠る，〜しない）を用いる。

> If the Purchaser <u>fails to</u> pay the Contract Price to the Seller,
> 買主が売主に対して契約金額を支払うことを怠る場合には，
> If the Seller <u>fails to</u> deliver the Product to the Purchaser before the Deadline for Delivery,

---

売主が買主に対して納期までに製品を引き渡すことを怠る場合には,

ここで,「もしも～である場合には」という条件を表す表現としては,次の
ようなものがある。

> if ＋主語＋動詞
> when ＋主語＋動詞
> where ＋主語＋動詞
> should ＋主語＋動詞
> in the event（that）＋主語＋動詞
> in the event of ＋名詞
> in case of ＋名詞

should

上記はどれも条件を意味する表現として相互に代替可能であるが,次のよう
に思う人もいるかもしれない。

「4つ目の should S V には,「万が一にも,～が起こったら」というニュア
ンスがあると習ったことがある。つまり,「起こる可能性が低いけれども,も
しも起こったら」という意味なので,他の表現とは意味が異なるのではない
か？ 本当に代替可能なのか？ 例えば,次の2つの例文では,やはり意味が
違うのではないか？」

If the Seller fails to deliver the Product to the Purchaser before the Deadline for Delivery,	Should the Seller fail to deliver the Product to the Purchaser before the Deadline for Delivery,

たしかに，小説の中などでは，if や when と should とでは，それらのもつニュアンスの違いは重要となるかもしれない。しかし，契約文書の中では，そのようなニュアンスは意味をもたない。なぜなら，契約において問題となるのは，起こる可能性の大小ではなく，それが起こった場合にどのような責任が生じるかであるためである。上の例文でいえば，「まあ，納期に遅れることはあるかもしれないと思っていたが，やはり遅れた」という場合と，「納期に遅れる可能性は万に一つくらいだと思っていたが，それでも遅れた」という場合との間では，結局「納期に遅れた場合には売主が買主に責任を負うことになる」という点について差はない。実際に should が条件として使われる頻度は決して高くはないが，「使ってはいけない」ものではない。

failure を用いて書く場合

　ちなみに，上の例文中の fail を名詞の形である failure を用いて書き表したい場合には，「〜の場合には」を意味する表現としては，後ろに名詞または名詞句を置く in the event of や in case of 等を用いて次のように書くことになる（注：アミかけ部分が名詞句となっている）。

In the event of the Purchaser's failure to pay the Contract Price to the Seller in accordance with the payment terms specified in Sub-Clause 5.3 of this Agreement, the Seller may suspend its work.
買主が本契約の第5条第3項に定められている支払条件に従って売主に対して契約金額を支払わない場合には，売主は自己の仕事を中断することができる。

【Vocabulary チェック】
payment terms　支払条件／specified in　〜に定められている

In the event of the Seller's failure to deliver the Product to the Purchaser on or before the Deadline for Delivery, the Seller shall pay the Purchaser the liquidated damages amounting to USD 1,000 for each day after the Deadline for Delivery until the date of actual delivery of the Product.

売主が納期までに買主に対して製品を引き渡さない場合には，売主は買主に対して，納期の後から製品の実際の引渡しの日まで，1日当たり1,000米ドルの予定された損害賠償金額を支払わなければならない。

【Vocabulary チェック】
liquidated damages 予定された損害賠償金額／delivery 引渡し

義務違反一般を表す場合

　ところで，ここまで義務違反を表す際には，pay =「～を支払う」や deliver =「～を引き渡す」といった「具体的な行為をしなかった」という形になるように意識して書いてきた。つまり，if the Purchaser fails to pay the Contract Price や if the Contractor fails to deliver the Product などと書いてきた。いかなる行為を契約当事者が怠ったのかが明確になるので，このように書き表すことが基本的に推奨される。しかし，契約書中で，契約相手が「とにかく何らかの契約上の義務に違反した場合」の責任を書き表したい場合には，この具体的な行為を明示する方法は適さない。このような場合には，具体的な行為を書くのではなく，以下に示すような一般的な義務を「履行する」，「行う」，または「遂行する」という意味の表現を使う必要がある。

perform／execute／carry out／conduct

　例えば，次の条文の場合には，請負契約における請負者が，何らかの義務に違反した場合を一括して表すことができる。

> When the Contractor fails to <u>perform its obligations under this Contract</u>,
> 請負者が，本契約に基づく義務を履行しない場合には，

違反を表すその他の表現

　他に，契約違反を意味する表現としては，default と breach がある。どちらも動詞として用いることは頻度としてはそう高くはないが，breach は次のように用いられることが時々ある。

> If the Seller <u>breaches</u> the material obligations under this Contract,
> もしも売主が本契約における重大な義務に違反した場合には，

　また，breach は，material breach（重大な違反）のように名詞として用いられることが多い。ちなみに，25頁で failure は「契約違反」を意味すると紹介したが，「重大な違反」を material failure と書くことはまずない。
　さらに，violation も「違反」という意味をもつ。動詞の violate についてオックスフォード英英辞典では次のように定義されており，契約違反の意味もあるようだが，英文契約の実務では，契約義務違反というよりも，the violation of any applicable laws（適用される法律の違反）のように，「法律」に違反することを表す際に使われることが傾向として多い。

【violate のオックスフォード英英辞典における意味】

> to go against or refuse to obey a law, <u>an agreement</u>, etc.
> 法律，契約，その他に違反すること，またはそれらに従うことを拒否すること

【Vocabulary チェック】
refuse　〜を拒否する／obey　〜に従う

　「契約に違反した当事者」と書きたい場合，どうするか。例えば，the Party that breaches the obligation under this Agreement などと書くことも考えられる。しかし，1つの契約書内で何度もこのように書くのは冗長に感じる。もっとシンプルに書くことはできないか。こんな場合にヒントになるのが，秘密保持契約の開示当事者と受領当事者を定義する表現である。開示当事者は，Disclosing Party，受領当事者は Receiving Party と定義されることが多い。つまり，何か行為をする当事者を○ing Party と書くのである。そこで，「契約に違反した当事者」は breaching Party とし，違反していない当事者は non-breaching Party と書く。また，default は「〜を履行しない」という意味の動詞なので，これを利用して，defaulting Party（違反した当事者）/non-defaulting Party（違反していない当事者）と書くこともできる。

　また，第三者に損害を負わせた際に，相手方当事者を免責する責任を負う当事者は，「免責する = indemnifying」ということで，indemnifying Party と書かれるが，逆に免責される当事者は indemnified Party と書かれる。つまり，ある行為をされる当事者は○ed Party と書かれる。

　では，契約上の義務を怠ることを意味する次の和文を，動詞 fail を用いて英語で書いてみよう。

練習問題

---

① 買主が契約金額を売主に支払わない場合には

② 買主が信用状（letter of credit）を開設しない場合には

③ 売主が製品を買主に引き渡さない場合には

④ ライセンサー（Licensor）が技術情報をライセンシー（Licensee）に提供しない場合には

⑤ 売主が契約上の義務を果たさない場合には

⑥ 買主が上記条文（the foregoing provision）に従わない場合には

●答え

① If the Purchaser fails to pay the Contract Price to the Seller,

② If the Purchaser fails to open the letter of credit,

③ If the Seller fails to deliver the Product to the Purchaser,

④ If the Licensor fails to provide the Technical Information to the Licensee,

⑤ If the Seller fails to perform its obligation under the Contract,

⑥ If the Purchaser fails to comply with the foregoing provision,

5 責任を定める方法

パターン 4 で，契約違反の責任を定める条文，

> ①相手方が〜という義務を果たさない場合には，②その相手方は〜する責任を
> 負う。

の①について学んできた。次に，「②相手方は〜する責任を負う」について
解説する。

「損害を被る」の書き方

　責任の内容の主なものは，義務に違反した契約当事者が相手方当事者に対し
て**損害賠償金額**を支払うことである。条文にすると，日本語では，次のように
なる。

> （違反をした）契約当事者は，相手方当事者が被る損害について，責任を負う。

　そこで，まず，「相手方当事者が被る損害」の書き方を押さえよう。「〜を被
る」には，次のような表現がある。

> suffer／sustain／incur

　ここで，英英辞典などをみると，この 3 つの英単語の間には明確な使い分け
はない。しかし，英文契約の実務では，傾向として，damage（損害），loss

（損失），または delay（遅れ）を被ることを表す際には，suffer または sustain が用いられ，cost や expense などの「費用」を被ることを表す場合には，incur が用いられることが多い。例文をみてみよう。

The Purchaser <u>suffers</u> <u>damage</u>.
買主が損害を被る。
The Contractor <u>sustains</u> <u>delay</u>.
請負者が遅れを被る。→遅れるということ。
The Seller <u>incurs</u> additional <u>cost</u>.
売主が追加費用を被る。

【Vocabulary チェック】
damage　損害／delay　遅れ／cost　費用

　次に，「〜が被る損害・遅れ・費用」という場合の例文をみてみよう。

---

damage（that）the Purchaser suffers
買主が被る損害
delay（that）the Contractor sustains
請負者が被る遅れ
additional cost（that）the Seller incurs
売主が被る追加費用

that は関係代名詞で，省略できる。

　また，suffered のように過去分詞の形を用いて書くこともできる。実際の条文の中でも，この形で使われていることのほうが多いかもしれない。

---

damage <u>suffered</u> by the Purchaser
買主によって被られる損害

---

delay <u>sustained</u> by the Contractor

請負者によって被られる遅れ

additional cost <u>incurred</u> by the Seller

売主によって被られる追加費用

　上のように過去分詞の形になると，「損害を被るのは誰なのか？」と混乱しがちである。直訳すると，「買主によって被られる損害」だが，これは単純に「買主が被る損害」となることを確認してほしい。by の後に「損害を被る主体」がくる。

　なお，損害は damage，損失は loss と書く。一応，damage は加えられた損害，一方，loss は失われた損害を意味する，と辞書などには記載されているが，条文中では，どちらもまとめて damage とされていることもよくある。

　この損害や損失を金銭で補填することを損害賠償と呼び，そしてその金額を損害賠償金額と呼ぶ。この損害賠償金額は damages と書く。damage ではなく，s が付く点に気をつけてほしい。そして，損害という意味での damage は**不可算名詞**なので，冠詞として a が付いたり，複数形として s が付いたりすることはない。よって，damages とあれば，それは損害賠償金額の意味となる。つまり，「すべての損害」は all damage であって，all damages ではない。「あらゆる損害」も any damage であって，any damages ではない。

「責任を負う」の書き方

　「相手方が被る損害」という書き方を学んだので，次は，「～に対して，……について責任を負う」という表現を身につけよう。これがわかれば，「相手方が被る損害について責任を負う」と書くことができるようになる。これには，主に次の2つの表現がよく使われる。

【～に対して……について責任を負う】

be liable for …… to～	be responsible for …… to～

　契約書では，上のどちらを用いても構わない。liable と responsible はどちらも形容詞である。名詞の形はそれぞれ，liability と responsibility となる。厳密には，liability は法的な責任を，responsibility は法的な責任のみならず，道義的な責任も含むものだといわれているが，契約書は法的な責任のみを扱う文書であり，道義的な責任を問うことはないので，liable や liability を用いれば十分である。ただ，responsible や responsibility も「法的な責任」の意味を含んでおり，契約書内ではその意味だけが解釈の対象となるので，どちらを用いても問題ない。上の表現を用いて書くと，次のようになる。

The Seller shall <u>be **liable** to</u> the Purchaser <u>for</u> any damage suffered by the Purchaser in connection with this Contract.
The Seller shall <u>be **responsible** to</u> the Purchaser <u>for</u> any damage suffered by the Purchaser in connection with this Contract.
売主は，本契約に関して買主が被るあらゆる損害について，買主に対して責任を負う。

【Vocabulary チェック】
in connection with　～に関して

　ところで，liability と responsibility はどちらを用いてもよいと述べたが，そうとはいえない場合がある。それは，責任上限を定める条文においてである。責任上限とは，一方の契約当事者が相手方当事者に対して負う損害賠償責任をある一定の金額に制限する条文を指す。この責任上限を定める条文では，「累積責任」という表現が使われるが，この場合は，aggregate responsibility ではなく，aggregate liability という形で使われるのが通常である。

Notwithstanding any other provision to the contrary provided herein, the Seller's <u>aggregate liability</u> to the Purchaser in connection with this Contract, whether in contract, tort, or otherwise, shall not exceed an amount equal to the Contract Price.

本契約に反対の趣旨の規定がある場合でも，本契約に関する買主に対する売主の<u>累積責任</u>は，契約上，不法行為上，またはその他の場合においても，契約金額を超えない。

【Vocabulary チェック】

notwithstanding　〜にかかわらず／provision　条文／to the contrary　（修飾する語句の後で）それと反対に／provided in　〜に定められている／herein＝in this Agreement　本契約に／in connection with　〜に関する／tort　不法行為／……or otherwise　……やその他／exceed　〜を超えない／amount　金額／equal to　〜に等しい

「損害について責任を負う」と「損害賠償金額を支払う」

　ところで，上でみた「契約に違反した当事者は，相手方当事者が被る損害について責任を負う」というのは，結局，どういう意味なのであろうか。そもそも「責任」とは，「何かが起こったときに，それに対処する義務」を指す。では，契約違反が生じたときに，違反した者が対処すべきこととは何であろうか。最もシンプルなものは，「違反によって相手が被る損害について，金銭で穴埋め・補填する」ことである。これを「損害賠償金額を支払う」という。そのためか，契約書では，「損害について責任を負う」よりも，<u>どちらかといえば，「損害賠償金額を支払う」</u>と定められるほうが多い。これは，pay ＝「〜を支払う」を用いて書くことができる。例えば，売主が製品を納期までに買主に引き渡さない場合に<u>予定された損害賠償金額を支払う</u>と定める場合には，次のように書くことができる。

> If the Seller fails to deliver the Product to the Purchaser before the Deadline for Delivery, the Seller shall <u>pay</u> to the Purchaser the liquidated damages as set forth in Appendix 2 hereof.
> 売主が納期までに買主に製品を引き渡さない場合には，売主は買主に対して，本契約の添付資料2に定められている予定された損害賠償金額を支払わなければならない。

【Vocabulary チェック】

deadline　納期／liquidated damages　予定された損害賠償金額／set forth in ～に定められている／appendix　添付資料／hereof＝of this Agreement　本契約の

　上でみた pay の他に，「（損害）を賠償する」を表す表現としては，決して頻度は高くはないが，compensate が使われることもある。

> The Seller shall <u>compensate</u> the Purchaser for any loss or damage caused by the Seller's failure to perform the obligations under this Contract.
> 売主は，本契約に基づく義務の履行を怠ることで生じる損失または損害について，買主に対して賠償しなければならない。

【Vocabulary チェック】

loss　損失／damage　損害／cause　～を引き起こす

 豆知識④　～obligation（義務）と liability/responsibility（責任）の関係～

　英文契約でよく使われる obligation と liability／responsibility の違いが何かは，明確ではないように思う。ただ，いろいろな契約書中での使われ方から，次のような傾向があるようである。

まず，契約当事者が負う obligation に違反した場合に相手方に対して負うのが liability／responsibility である。例えば，売買契約において，売主は納期までに製品を買主に引き渡す義務＝ obligation を負い，それを果たさない場合には，売主が納期遅延の損害賠償の責任＝ liability／responsibility を負う。

　その一方で，liability／responsibility は obligation に含まれる概念でもある。つまり，上に示した売主の納期遅延の損害賠償責任は，「損害賠償を支払う義務＝ obligation」ということもできる。なぜなら，英文契約書の多くで，売主が納期遅延の損害賠償を支払う際には，the Seller shall pay to the Purchaser……のように，義務を表す shall が用いられているからである。また，売主の保証責任として，売主が不適合を無償で修理・交換する責任があることを示す際は，the Seller shall repair, replace, or make good the Defect……のように，やはり shall が用いられている。

　よって，英文契約書の実務的な扱いとしては，義務を表す際はもちろん，義務違反の責任を表す際にも，必ずしも be liable／responsible 等を用いなければならないというわけではなく，shall ＋動詞で書いてもよいと考えられているといえる。

いろいろな損害

　あなたが売主の立場にいる場合，次の英文をどのように修正するべきか考えてみよう。

The Seller shall not be liable to the Purchaser for any indirect damage, special damage, consequential damage, or incidental damage that the Purchaser suffers in connection with the Contract.

売主は，買主に対して，本契約に関して買主が被る間接損害，特別損害，結果損害，または付随的損害について，責任を負わない。

【Vocabulary チェック】

suffer　～を被る／in connection with　～に関して

この問題に正しく回答するには，英文契約に登場する以下のような様々な種類の損害について理解している必要がある。ここではまず，それらについて解説する。

> ① direct damage：直接損害
> ② indirect damage：間接損害
> ③ special damage：特別損害
> ④ consequential damage：結果損害
> ⑤ incidental damage：付随的損害
> ⑥ loss of profit：逸失利益

この中で，②〜④はすべて同じ意味と捉えていただいて問題ない。これらは，いわゆる二次的な損害である。ある契約当事者が義務違反をした結果，直接的に生じたものを direct damage といい，そこから派生的・二次的に生じたものを②〜④で表す。一方，⑥ loss of profit は一見派生的・二次的な損害に思えるし，実際にそうであることも多いが，ときには，直接的な損害である，つまり，direct damage の中に含まれると捉えられることもあるという点に注意が必要である。例えば，売買契約において，売主が納めた製品に不適合が発見され，それを修理することになった場合には，その製品は，修理期間中に使用できなくなるのが通常である。この場合，買主は，修理期間中にその製品を使用できていたならば得られたはずの利益を得られなくなる，という損害が生じることになる。これが loss of profit ＝逸失利益である。この逸失利益は，売主の落ち度そのものである製品の不適合ではないので，通常は派生的・二次的な損害（indirect damage や special damage）とされることが多いが，必ずしもそう解釈されるとは限らない。つまり，不適合があれば，当然修理が必要となり，それによって逸失利益が生じるのもまた当然であると捉えられることがあり，その場合には，逸失利益は不適合そのものと変わりなく，直接的な損害＝direct damage と捉えられ得る。このように loss of profit は直接的な損害と捉えられるか，それとも間接的な損害・特別な損害と捉えられるかはケースバイ

ケースで，契約書締結段階では明確に判断できない部分がある。一方で，逸失利益は莫大な金額になることがある。売主としては，そのような莫大な損害賠償金額を負担することになれば，一発で会社がつぶれることにもなりかねない。よって，業界によっては，逸失利益は絶対に負担できない，という場合もある。したがって，逸失利益についての責任を負わないことを確実にする必要がある。以上を理解した上で改めて上に挙げた例文を見ると，何か足りない文言はないだろうか。そう。上の例文中には，⑥ loss of profit についての責任を売主が負わない旨が明記されていないのである。このままでは，売主が何らかの契約違反に陥り，その際に買主が被った loss of profit が direct damage に当たると裁判や仲裁で判断された場合には，売主は巨額の賠償責任を負うことになってしまうというリスクがある。

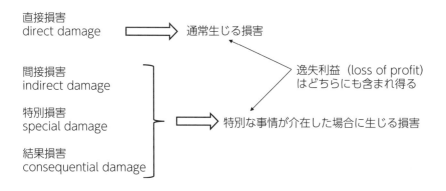

直接損害
direct damage　　　　⇒　　通常生じる損害

間接損害
indirect damage

特別損害
special damage

結果損害
consequential damage

逸失利益（loss of profit）はどちらにも含まれ得る

⇒　特別な事情が介在した場合に生じる損害

つまり，上の問題の答えとしては，売主は loss of profit が免責されるように，その点を明記し，下記のようにするべきということになる。

The Seller shall not be liable to the Purchaser for any indirect damage, special damage, consequential damage, loss of profit or incidental damage that the Purchaser suffers in connection with the Contract.
売主は，買主に対して，本契約に関して買主が被る間接損害，特別損害，結果損害，逸失利益，または付随的損害について，責任を負わない。

なお，⑤付随的損害（incidental damage）は，契約違反によって生じる損害を最小化するために必要となる費用を意味する。例えば，売主が買主に製品を引き渡すことができなくなってしまったときに，買主が代替品を調達するのにかかる諸費用がこれに当たる。

契約責任と不法行為

　ところで，契約に違反した場合に生じる責任には，大きく2種類ある。1つは，契約上の責任，もう1つは，不法行為上の責任である。不法行為とは，「ある者が他人の権利ないし利益を違法に侵害する行為があった場合に，加害者に対して被害者の損害を賠償すべき債務を負わせる法制度」のことをいう。不法行為は，加害者と被害者の間に契約がなくても成立する。不法行為のわかりやすい例は，交通事故である。加害者と被害者は，見知らぬ人同士であるのが通常である。当然，事故の前にお互いに契約を結んでいることはまずない。加害者は被害者に病院での治療費や慰謝料を支払うことになるが，これは加害者が契約に違反したからではなく，被害者の利益を不当に侵害したからである。

　日本の民法では，一般に，契約上の責任は**過失責任主義**が採られていると考えられている。つまり，単に契約に定められている義務を怠ったというだけでは契約違反の責任を問われない。違反したことに過失があったと認められて初めて責任が生じる。しかし，英米法ではそうではなく，契約上の責任は，**無過失責任主義**が採られている。つまり，契約に定められている義務を怠ったことについて過失があろうがなかろうが，責任が生じるのである。このような無過失責任を**結果責任**や**厳格責任**（strict liability）とも呼ぶ。

　一方，不法行為上の責任は，日本法でも，英米法でも，過失責任であるのが原則である。よって，過失によって契約に反した場合には，過失があってもなくても負わなければならない契約上の責任と，過失があった場合に負わなければならない不法行為上の責任の2つを問われることになる。

【責任に関する原則的な扱いの比較】

	日本法	英米法
契約責任	過失責任	無過失責任
不法行為責任	過失責任	過失責任

　もっとも，１つの契約違反の事実について，二重に責任を問われるわけではない。例えば，売主が過失によって納期に遅れることで，買主が100万米ドルの損害を被ったとする。このとき，売主は，契約上の責任として100万米ドル買主に支払い，さらに，不法行為上の責任としてもう100万米ドル支払わなければならないことになるわけではない。どちらかの責任として100万米ドル支払えば，売主は納期遅延についての責任を果たしたことになる。

　ここで注意していただきたいのは，間接損害・逸失利益の免責や責任上限などの条文では，契約上の責任も，不法行為上の責任も，両方にその条文が適用されることを明記することである。例えば，次のような条文があったとする。

The Seller shall not be liable to the Purchaser for any indirect damage, special damage, consequential damage, incidental damage, or loss of profit that the Purchaser suffers in connection with the Contract.
売主は，買主に対して，本契約に関して買主が被る間接損害，特別損害，結果損害，付随的損害，または逸失利益について，責任を負わない。

The Seller's aggregate liability to the Purchaser in connection with this Contract shall not exceed the amount of 100% of the Contract Price.
本契約に関する買主に対する売主の累積責任は，契約金額の100％を超えない。

　上の条文では，契約上の責任についてしか適用されず，不法行為上の責任は何ら制限されない可能性がある。つまり，売主の過失によって生じる逸失利益については，上の条文では売主は契約上の責任としては免責されるが，不法行為法上の責任としては免責されず，それを賠償しなければならなくなり得る。

同様に，契約金額100％に売主の責任が制限されるのは，あくまで契約上の責任についてであり，不法行為上の責任についてはそのような制限はなく，無制限に負わなければならないことになりかねない。よって，次のような文言を追記すべきである。

The Seller shall not be liable to the Purchaser, **whether in contract, tort, or otherwise**, for any indirect damage, special damage, consequential damage, incidental damage, or loss of profit that the Purchaser suffers in connection with the Contract.
売主は，買主に対して，本契約に関して買主が被る間接損害，特別損害，結果損害，付随的損害，または逸失利益について，<u>契約上，不法行為上，またはその他の場合においても</u>，責任を負わない。

The Seller's aggregate liability to the Purchaser, **whether in contract, tort, or otherwise**, in connection with the Contract shall not exceed the amount of 100% of the Contract Price.
本契約に関する買主に対する売主の累積責任は，<u>契約上，不法行為上，またはその他の場合においても</u>，契約金額の100％を超えない。

【Vocabulary チェック】
tort　不法行為／or otherwise　……やその他

練習問題
　以下の①～⑤に当てはまる英単語を答えてください。

- 英文契約で「～を被る」を意味するものとしてよく使われる単語には，[①　　]，sustain，そして incur がある。この中で，「追加費用を被る」という場合に使われる傾向があるのは，[②　　] である。
- 契約違反の結果生じる責任を表す単語には，responsibility と [③　　] がある。

- ［④間接損害］，［⑤特別損害］，および［⑥結果損害］は，［⑦逸失利益］と必ずしも同じものではない。特に⑦逸失利益は莫大な金額になり得るので，責任を制限する条項には，忘れずに明記するべき。

●答え

① suffer　② incur　③ liability　④ indirect damage　⑤ special damage
⑥ consequential damage　⑦ loss of profit

パターン

6 保証を定める方法

保証とは何か？

「保証」とは，専門的な言い方をするなら，次のようになる。

> 「ある事実を契約の相手方に対して示し，その事実が正しくなかった場合には，契約違反となり，一定の責任を負うことになる約束」

　例を挙げると，売買契約では，売主は，「製品に不適合（欠陥）はありません」と買主に対して事実を示す。そして，もしも「不適合があった場合」，つまり「売主が示した事実が正しくない場合」には，「契約違反」となる。その後，売主はその不適合を修理・交換し，さらには損害賠償を支払うという「責任を負う」ことになる。保証が登場するのは，必ずしも売買契約の場合だけではないので，具体例を押さえておくと同時に，上に示した抽象化した言い方も理解しておこう。

【保証（warranty）】

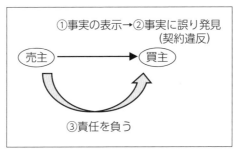

　この保証に関する条文は，以下の３つの要素で構成されるのが通常である。

① ある事実を相手方に対して示す部分
② 事実が正しくない場合を示す部分
③ その場合に負う責任を記載する部分

　これは，すでに解説した「義務に関する条文」が，以下の3つの要素で構成されているのと似ているので，あわせて理解しておこう。

① 義務を定める部分
② 義務に反する場合を示す部分
③ 義務違反の場合の責任を記載する部分

【義務と保証】

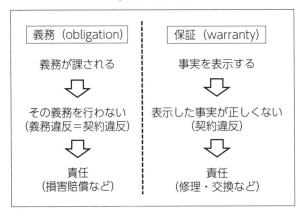

保証を定める条文

　では，①～③を詳しくみていく。

　まず，①ある事実を相手方に対して示す部分は，次のような表現を用いる。

契約当事者 + warrants to +相手方当事者 + that 主語＋動詞

　warrant は，「～を保証する」という意味である。これを用いて売買契約における保証を定めると，次のようになる。

The Seller <u>warrants</u> to the Purchaser that the Product is in accordance with the Specifications and is free from any defect in design, materials, and workmanship of the Product. 売主は，買主に対して，製品が仕様に従い，かつ，製品の設計，材料，および技量において何ら不適合がないこと<u>を保証する</u>。

【Vocabulary チェック】
specifications　仕様書／be free from　～がない／defect　不適合／workmanship　技量

　ここで，The Seller <u>shall</u> warrant to ……と shall が付かない点に気をつけよう。上で述べたとおり，ここは「ある事実が正しい」と述べているだけで，「何か行為に出ること」，つまり，義務を定めているわけではないので，shall は付かない。

　また，defect とは，「仕様書との不一致」を意味し，日本では，2020 年 4 月施行の改正民法までは，「瑕疵」と呼ばれていたが，民法改正後は（契約）不適合と呼ぶことになった。

　次に，②事実が正しくない場合を示す部分は，義務違反の場合と同様に，25頁で示した「～の場合には」という表現を用いて，次のように書く。

<u>If</u> the Purchaser finds any defect in the Product during the Warranty Period, もしも買主が保証期間内に製品に不適合を発見した場合は，

【Vocabulary チェック】

defect　不適合，欠陥／warranty period　保証期間

　売主が「我々が納めた製品に不適合はない」と買主に対して述べたのに，実際には不適合があった場合について定めている。その上で，③売主が買主に対して不適合についての責任を負う旨を定める。責任を表す書き方としては，33頁で紹介した liable や responsible などを用いる方法もあるが，売買契約や請負契約において「売主が買主に示した事実が正しくない場合」＝「製品に不適合」がある場合に売主が負う責任は，通常は，製品の修理・交換とされている場合が多いので，ここでは以下の表現を押さえておこう。

> repair　～を修理する／replace　～を交換する／make good　～を直す

> <u>If</u> the Purchaser finds any defect in the Product during the Warranty Period, the <u>Seller shall repair, replace, or make good</u> the defect at the Seller's cost within a reasonable time after the Seller's receipt of the notice from the Purchaser.
>
> もしも買主が保証期間内に製品に不適合を発見した場合は，売主は，買主からの通知を受領後，合理的期間内に，その不適合を自己の費用で修理・交換しなければならない。

【Vocabulary チェック】

receipt　受領

　この他にも，「～を修理する」には，次のような表現が使われるので，押さえておこう。

> rectify／modify

通常，売主の保証責任は，製品やサービスを提供した後永遠ではなく，一定の期間内に発見された不適合に限定される。上の例文中の Warranty Period というのがその期間のことで，この期間は「契約不適合責任期間」，または「保証期間」と呼ばれる。この期間は，例えば，下のように定められる。

The Warranty Period means a period of twenty-four（24）months after the delivery of the Product.
保証期間とは，製品の引渡後 24 カ月間を意味する。

【Vocabulary チェック】

delivery　引渡し

> ### 🐕 豆知識⑤　～warranty と guarantee の違い～
>
> 　ここまで，「保証」を意味する単語として，当然のように warranty を用いてきた。しかし，実務経験がある方は，同じく保証を表す単語として，guarantee もみたことがあるかもしれない。通常，warranty と guarantee は異なるものである。
>
> 　まず，warranty とは，一方の契約当事者から他方の契約当事者に対して行う約束である。一方，guarantee は，契約当事者ではない第三者が，一方の契約当事者の義務・責任の履行を確実にする旨を他方の契約当事者に対して約束することを指す。具体例でみてみよう。売買契約における契約不適合責任は，契約当事者である売主から，同じく契約当事者である買主に対する約束である。よって，warranty である。一方，同じく売買契約において，売主が買主に対して負う損害賠償責任について，売主の代わりに，売主の親会社や銀行などが負担することを買主に約束することは，売買契約の当事者ではない第三者による約束なので guarantee である。

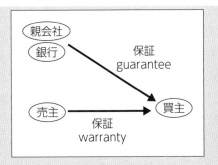

　もっとも，この区別は絶対ではなく，例えば，売主が買主に対して性能を保証する，という場合には，本来の意味からは warranty がふさわしいと感じられるが，Performance Guarantee(s) という文言が契約中で使われることがよくある。

秘密保持契約と技術ライセンス契約における保証

　ここまで，売買契約に関する保証の定めを例に解説したが，ついでに秘密保持契約と技術ライセンス契約における保証についても押さえておこう。

(1)　秘密保持契約の保証
　以下の条文における問題点を開示当事者の立場から検討してみよう。

> The Disclosing Party warrants to the Receiving Party that the Confidential Information is accurate, complete, and sufficient.
>
> 開示当事者は，受領当事者に対して，秘密情報が正確，完全，かつ十分であることを保証する。

【Vocabulary チェック】
disclose　〜を開示する／receive　〜を受領する／accurate　正確な／complete　完全な／sufficient　十分な

秘密保持契約には，開示当事者が受領当事者に対して開示する秘密情報について，受領当事者が第三者に開示・漏えいしないように義務づける旨が定められている。このとき，開示当事者は，開示する情報の正しさや，その情報が受領当事者にとって何かの役に立つものであることを保証するのであろうか。

　答えは，「保証しないのが通常」である。秘密保持契約は，単に開示当事者が保有している情報を受領当事者にみせるだけであり，仮にその情報に誤りがある場合でも，開示当事者は受領当事者に対して何ら責任を負わないのが通常である。よって，「秘密情報について，正確，完全，そして十分であることを保証する」と定めている上の例文は，開示当事者の立場からは，受け入れられないものである。そして，多くの場合において，秘密保持契約では，「保証する」と定められないだけではなく，「保証しない」旨が以下のように明記される。

The Confidential Information is disclosed <u>on an "AS IS" basis</u> and the Disclosing Party makes no warranty, express, implied, or otherwise, with respect to the accuracy, completeness, or sufficiency of the Confidential Information or the non-infringement of any third party's intellectual property rights.

秘密情報は，あるがままの状態で開示され，開示当事者は，情報が正確であること，完全なものであること，もしくは十分なものであること，または第三者の知的財産権を侵害するものではないことを，明示的にも，黙示的にも，またはその他の方法でも，保証しない。

【Vocabulary チェック】

disclose　〜を開示する／on an "AS IS" basis　ありのままで／express　明示の／implied　黙示の／otherwise　その他／with respect to　〜に関して／accuracy　正確性／completeness　完全性／infringement　侵害／intellectual property right　知的財産権

　上の条文中で特に押さえておきたい表現は，on an "AS IS" basis である。

これは，「ありのままで」「あるがままの状態で」という意味である。

(2) 技術ライセンス契約の保証

　技術ライセンス契約とは，一方の契約当事者が保有している技術に関するノウハウ・情報（以下「技術情報」と呼ぶ）を相手方当事者に開示し，かつ，その技術情報を使うことを許諾することで相手方当事者から対価を得ることになる契約である。技術情報の使用を許諾する当事者はライセンサー，技術情報の使用の許諾を得る当事者はライセンシーと呼ばれる。

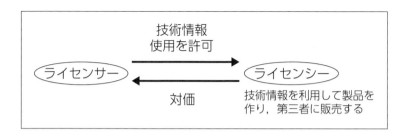

　この技術ライセンス契約では，通常，ライセンサーがライセンシーに対して開示する技術情報に基づき，ライセンシーが製品を作って第三者に販売することになる。となると，秘密保持契約の場合と異なり，ライセンサーは，ライセンシーに提供する技術情報の正しさや，それに基づけば何ら問題のない製品が作れることなどを保証することになりそうだと感じるかもしれない。しかし，実際には，ライセンサーはそのような保証を行わないのが通常である。その理由は，技術情報を用いて実際に製品を作るのがライセンサーではなく，ライセンシーだからである。ライセンサーは，ライセンシーがどのような製造設備をもっているのか，また，製造に関わるライセンシーの従業員がどのような技術レベルであるのかを知る立場にも，それらをコントロールする立場にもない。そのため，ライセンシーがライセンサーの技術を用いても，ライセンサーが自社で作っているような製品が適切に作られることになるとは断言できない。よって，ライセンサーが技術情報に関して行う保証は，せいぜい，「ライセンサー自身がその物を作る際に用いている技術情報そのものをライセンシーに対

して開示する」ということである。そして，もしもライセンシーに開示した技術情報が，普段ライセンサーが製品を作る際に使用しているのとは違う情報であった場合にライセンサーが負う責任は，後からその点を正した技術情報をライセンシーに提出し直すといった程度である。これを超えて，例えば，ライセンシーが作った製品に問題があり，その製品を購入した第三者が損害を被ったという場合でも，その損害についてライセンサーが責任を負う旨を技術ライセンス契約の中に定めることはまずない。

　上の説明から，次のように感じる人もいるかもしれない。

　「ライセンサーが提供する技術情報について何ら保証がなされないなら，ライセンサーはいい加減な技術情報をライセンシーに提供することになってしまうのではないか？」

　たしかに，そのリスクはゼロではない。しかし，技術ライセンス契約におけるライセンシーからの対価の支払について，「ランニングロイヤリティ方式」にすることで，だいぶこのリスクを抑えることができる。ランニングロイヤリティとは，ライセンサーが提供した技術情報に基づいてライセンシーが作った製品を第三者に売った金額の一定の割合（例えば３％など）について，毎年や半期に１回などのあらかじめ合意した期間ごとにライセンシーがライセンサーに対して支払うことにする方法である。つまり，ライセンシーが作る製品が売れた分だけライセンサーは多くの対価を得られることになる。

　ここで，もしもライセンサーが提供する技術情報に重大な問題があるためにライセンシーが良い製品を作れない場合には，製品が売れないだろう。すると，ライセンサーがライセンシーからランニングロイヤリティとして得られる金額も一向に増えないことになる。これはライセンサーの望む結果ではない。そのため，ライセンサーは，「いい加減な内容の技術情報をライセンシーに提供しても大丈夫」とはまず考えないはずである。ライセンシーが作る製品が第三者による使用に問題なく耐えられるものとなるように，ライセンサーは提供する技術情報の内容をしっかりと精査するようになるはずといえる。

　以上が，技術ライセンス契約におけるライセンサーが技術情報についてほと

んど保証をしないことの理由と，それでも技術ライセンス契約が現実には問題なく締結されている理由である（もっとも，技術情報の使用が第三者の知的財産権を侵害しないことについての保証はケースバイケースで，ライセンサーが保証することもある）。

練習問題1

以下の①〜③に適当な言葉を埋めてください。

> 保証とは，「ある［①　　　　　］を契約の相手方に対して示し，その［①　　　　］が正しくなかった場合には［②　　　　　］となり，一定の［③　　　　　］を負うことになる約束」である。

練習問題2

以下の英文中の①〜⑥の日本語を英語にしてください。

> The Seller［①　〜を保証する］to the Purchaser that the Product is in accordance with the Specifications and is free from any［②　不適合］in design, materials, and workmanship of the Product.
> ［③　〜の場合には］the Purchaser finds any defect in the Product during the［④　保証期間（2単語または3単語）］, the Seller shall［⑤　〜を修理する］,［⑥　〜を交換する］, or make good the defect at the Seller's cost within a reasonable time after the Seller's receipt of the notice from the Purchaser.

●練習問題1の答え
①事実　②契約違反　③責任

●練習問題2の答え
① warrants　② defect　③ If, Where, または In the event など（25頁参照）
④ warranty period または defect liability period　⑤ repair　⑥ replace

コラム③　〜M&A 契約における保証〜

　保証＝ warranty であると説明したが，株式譲渡契約，つまり M&A 契約や融資契約などにおいては，表明保証（Representations and Warranties ＝<u>レプ</u>レゼンテイション・アンド・<u>ワ</u>ランティ）と呼ぶこともある。略して「レプワラ」とも呼ばれる。これは，上に述べた保証の定義である「①ある事実を契約の相手方に対して示し，②その事実が正しくなかった場合には，契約違反となり，一定の責任を負うことになる約束」を①と②の２つに分け，①を表明＝ representations，そして②を保証＝ warranties と捉えるものである。しかし，必ずしもそのように分けて契約に定められるわけではなく，下のように一緒に扱っていることがほとんどである。

The Seller hereby <u>represents and warrants</u> to the Purchaser as follows:

(i) 　AAA;

(ii) 　BBB; and

(iii) 　CCC.

売主は，本条により，買主に対して，以下のように表明保証する。

【Vocabulary チェック】
hereby＝by this provision　本条により／represent　〜を表明する／warrant　〜を保証する

　つまり，ある事実(i)〜(iii)を記載し（これが表明に当たる），それに誤りがあった場合には，買主に対して責任を負うことを約束する（これが保証となる）ということになる。

　整理すると，保証に関する条文は，企業が日常的に取り交わす売買契約や請負契約などの契約においては，「契約当事者＋ warrants to 相手方当事者 that 〜」が使われ，M&A 契約や融資契約では「契約当事者＋ represents and warrants ＋相手方当事者 that〜」が使われる傾向がある，と理解しておこう。

7 第三者の損害に対する責任（防御・補償・免責）を定める方法

　パターン5では，一方の契約当事者が，他方の契約当事者に損害を生じさせた場合の責任について述べた。この他に，一方の契約当事者が契約上の義務を履行する際に，契約当事者ではない第三者に損害を被らせてしまうというケースも起こり得る。具体的には，次のような場合である。

> ①第三者の生命・身体・財産への侵害：
> 　売主が買主に引き渡した製品が，買主の工場内で爆発し，それにより，買主の従業員が死亡したり，ケガをしたりする場合
> ②第三者の知的財産権への侵害：
> 　売主が買主に引き渡す製品を作る過程で，第三者の特許権などの知的財産権をその第三者に無断で使用した場合

　こうした場合に，被害者である第三者が，本来の加害者である売主ではなく，買主に対して損害賠償を請求することがある。その場合に備えて，買主が第三者に対して支払った損害賠償を後で売主が買主に対して支払う（補償・免責），または，売主が第三者と賠償額の協議をしたり，そもそも買主・売主には何ら責任はないなどと主張して第三者と争ったりする（防御）といった責任を負う旨が契約に定められるのが通常である。以下は，第三者の生命・身体・財産への侵害についての売主による買主への防御・補償・免責を定める例文である。

> The Seller shall <u>defend, indemnify and hold harmless</u> the Purchaser
> from and against any and all claims, obligations, litigations, liability,
> damages, losses, suits, costs and expenses (including attorney's fees)

in respect of the death or injury of any person or loss of or damage to any property other than the Products, arising out of or in connection with any defect of the Product due to the Seller's negligence unless such defect is attributable to (i) the Purchaser's instructions or Specifications or (ii) modification of the Product by the Purchaser.

売主は，売主の過失による製品の不適合から生じる，または製品の不適合に関する死亡もしくは傷害または製品以外の財産への損失もしくは損害に関し，かかる不適合が(i)買主の指示もしくは仕様書，または(ii)買主による製品の修理によるものでない限り，請求，義務，裁判，責任，損害賠償金額，損失，訴訟，および費用（弁護士費用を含む）から，買主を防御，補償および免責しなければならない。

【Vocabulary チェック】

litigation　裁判／damages　損害賠償金額／attorney's fees　弁護士費用　／in respect of　～に関して／death　死亡／injury　傷害／arising out of　～から生じる／defect　不適合／negligence　過失／unless　～でない限り／attributable to　～に起因する

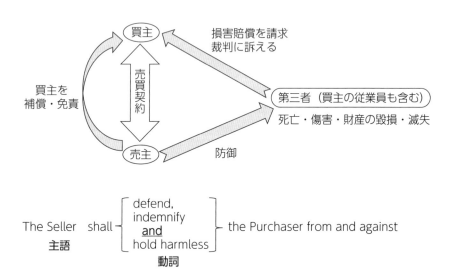

56　第Ⅰ章　権利・義務・責任・保証を追記する方法

any and all ⎰ claims / obligations / litigation / liability / damages / losses / suits / costs / **and** / expenses ⎱ — (including attorney's fees)

in respect of ⎰ the death **or** injury of any person / **or** / loss of **or** damage to any property other than the Products ⎱

⎰ arising out of / **or** / in connection with ⎱ — any defect of the Product　due to the Seller's negligence

＜副詞節＞

unless such defect is attributable to ⎰ (i) the Purchaser's instructions **or** Specifications / **or** / (ii) modification of the Product by the Purchaser. ⎱

　この第三者に生じた損害から売主が買主を守るという責任も，責任に変わりはないのだから，シンプルにパターン5で紹介した the Seller shall be liable/responsible to the Purchaser for ……と定めてもよさそうだが，通常，そのようには定めず，前頁の例文中の下線部のような表現が用いられる。ここで，国や米国内の州によって，defend（防御），indemnify（補償），hold harmless（免責）というそれぞれの文言には違いがあると解釈されることもあるので，条文を定める際には，面倒くさがらずに3つすべてを記載するようにしたほうが無難である。

練習問題

　次の①～③を英語にしてください。

　第三者の損害についての条文は，次のような形で定められるのが一般的である。

契約当事者＋ shall ＋［① 〜を防御する］，［② 〜を補償する］and［③ 〜を免責する］＋相手方当事者＋ from and against ……

（契約当事者は，……から，相手方当事者を防御，補償，および免責しなければならない）

●答え

① defend　② indemnify　③ hold harmless

 豆知識⑥　〜here- と there-〜

　英文契約書では，herein や hereof など，here- に前置詞を加えた表現がよく登場する。このような表現の here は，その文言が定められているまさにその契約書（this Agreement/Contract）を意味しているか，または，その文言が定められている条文（this provision）を意味している。どちらであるのかは文脈から判断することになる。そして，here- の後にある前置詞部分を前にもってくると意味がわかるようになる。herein であれば，in <u>here</u> = in <u>this Agreement</u> または in <u>this provision</u>，hereof であれば，of <u>here</u> = of <u>this Agreement</u> または of <u>this provision</u> となる。

　また，thereof や therefor のように there- ＋前置詞の形の表現もよく登場する。この there- は指示代名詞である that の意味で，その前にある名詞を指している。そして，here- と同じく前置詞部分を前にもってくると意味がわかるようになる。<u>the</u>reof であれば of there = of that（その〜），<u>the</u>refor であれば for there = for that（そのための〜）となる。

　here- も there- も契約書ではよくみかけるが，普段のメールなどで使うと驚かれるかもしれないので避けたほうがよいだろう。特に here- は上に述べたように，this Agreement を意味するのか，this provision を意味するのか文脈から判断しないといけないのでわかりにくく，契約書でも使用を控えたほうがよい，ともいわれている。ただ，自分で条文を書く立場になると，いちいち in this Agreement や of this provision などと書くよりも，はるかに簡単に短く書けるので，便利な表現であると感じるだろう。here- が何を意味するかも，ほとんどの場合で容易に文脈から判断できる。そのせいか，英文契約の実務では，現在もよく使われている表現であるのはたしかである。

8 事実の確認を定める方法

　英文契約書に主に定められているのは，契約当事者の権利・義務と義務違反の場合の責任であると述べた。しかし，それ以外の事項も定められている。例えば，秘密保持契約には，次のような条文が定められている。

The Receiving Party <u>acknowledges</u> that any breach of this Agreement would cause irreparable damage for which monetary damages would not be an adequate remedy.

受領当事者は，本契約の違反が，金銭的な損害賠償金額では十分な救済とならないほどの回復困難な損害を引き起こすことを認識している。

【Vocabulary チェック】

acknowledge　〜を認識する／breach　違反／cause　〜を引き起こす／irreparable　回復できない／adequate　十分な／remedy　救済

　また，売買契約や請負契約の納期遅延 LD（liquidated damages 詳しくは 65 頁を参照）について，次のような条文が定められることがある。

The Parties <u>acknowledge</u> that the Owner's actual damages in the event of a failure to achieve the Taking Over by the Deadline would be extremely difficult or impracticable to determine. After negotiations in good faith, the Parties agree that the Delay LD is fair and reasonable compensation for damage likely to be sustained by the Owner as a result of the Contractor's failure to achieve the Taking Over by the Deadline.

両当事者は，納期に遅れた場合の発注者の実際の損害を算出することは著しく

困難または不可能であることに同意する。誠実に交渉した結果，両当事者は，納期遅延 LD が，納期遅延の結果，発注者が被り得る損害に対する公平かつ合理的な賠償であることに同意する。

【Vocabulary チェック】

achieve 〜を満たす／taking over 検収／extremely 著しく／impracticable 実現不可能な／determine 〜を決める／compensation 賠償／sustain 〜を被る

さらに，請負契約，特に建設契約には，次のような条文が定められることがある。

The Contractor <u>acknowledges</u> that it has investigated each and every one of the conditions and circumstances that affect or might affect the Contract Price and that, based on each of those conditions and circumstances, the Contractor accepted that such Contract Price includes all Costs related to its Works, except for the cases where the contrary is expressly stipulated in this Agreement.

請負者は，自社が，契約金額に影響する，または影響し得る条件および状況のすべてを調査したこと，およびかかる条件および状況に基づき，本契約に反対のことが明確に定められている場合を除いて，契約金額が自社の仕事に関するすべての費用を含んでいることを認めたことを認識している。

【Vocabulary チェック】

acknowledge 〜を認識する／investigate 〜を調査する／conditions 条件／circumstance 状況／affect 〜に影響する／based on 〜に基づく／accept 〜を認める，〜を受け入れる／related to 〜に関する／except for 〜を除く／case 場合／contrary 逆のこと／expressly 明確に／stipulate 〜を定める／

上の３つの条文の下線部分に注目してほしい。shall も may も使われていな

い。これはなぜか。

　この理由は，これらの条文が，契約当事者の権利義務を定めてはいないためである。では何を定めているのかといえば，それは，「事実の確認」である。その際に使われるのは，acknowledge, recognize（～を認識している）やunderstand（～を理解している）である。1つずつ詳しくみていこう。

　1つ目の条文は，秘密保持契約によく定められているものである。契約違反が生じた場合に違反者が負う責任の代表的なものは損害賠償責任だが，秘密保持義務違反の場合には，それでは十分な救済とならない可能性がある。例えば，新製品を作るために不可欠な技術情報が他社に漏れてしまったら，市場における自社の優位性が一瞬で失われてしまいかねない。この場合に生じる損害額は莫大なものになり得る。情報を漏えいした者が金銭で埋め合わせようとしても，その者が賠償できるレベルを越える損害となり得る。そこで，「損害賠償の支払」に加えて，裁判所による差止め，つまり，漏えい行為自体を事前に止めさせることができると定められることがよくある。ここでは，その差止めの前提として，義務違反が巨額の損害を引き起こし得ることを両当事者が「認識している」と定めているのである。

　2つ目の例文は，納期遅延 LD が懲罰的なものではない点を明確にし，契約に定められている LD の金額が妥当なものである点を確認している。本来，損害賠償金額は，契約違反によって実際に生じる損害を金銭に換算したものとなる。しかし，納期遅延 LD は，実際に遅れが生じる前に当事者間で「損害賠償金額はいくらにしよう」と合意するものなので，「実際に生じた損害額」とは厳密には一致しないものになる。ここで，英米法では，契約違反について，実際の損害額とは別に罰として金銭の支払を契約違反者に課すこと（ペナルティ）が禁じられている。もしも裁判所や仲裁人が「ペナルティの支払が契約書に定められている」と判断した場合には，その条項は違法＝無効となってしまう。よって，現実の損害額とは一致しない納期遅延 LD の金額が，ペナルティと判断されて違法・無効とならないように，契約当事者，特に買主は，納期遅延 LD の金額がペナルティではないことを両当事者が「認識している」旨を明記しておきたいと考えるのである。

　3つ目の例文は，原則として，契約締結後には，契約金額以上の金額を請負

人が発注者に追加で請求できないことの理由を明記している。請負契約では，請負者が契約締結時に想定していなかった事象が契約締結後に生じてしまい，当初見込んでいた以上の費用が余計にかかるという事態になることがよくある。発注者としては，そのたびにその追加費用を請負者に支払うことになるのは避けたいところである。そこで，契約締結時に請負者が自分の仕事に関して十分に調査・検討をし，必要となる費用はすべて契約金額として見積もっており，それ以上発注者に請求できないことを「認識している」と契約書に定めておくのである。

　上記3つは，どれも契約締結後に契約当事者が何らかの行為に出ることを義務づけるものではない。ただ単に「契約締結時に，ある事実を認識しています，そのように理解しています」と述べているだけである。そのため，通常，shall も may も使われない。そして，このような契約当事者の認識を契約書に明示しておくことで，将来，契約当事者間で争いが生じた場合に，裁判所や仲裁人に対して，「こういう背景・当事者間の理解が前提としてあったのです」と示せるようになる。これにより，契約当事者の義務・責任の意味がより明確になる。

練習問題

　以下の①〜④に適切な語を入れてください。

> 契約書に定められている条文の多くは，契約当事者の権利・義務・責任についてのものであるが，その他に，契約当事者がある事実について理解していること，または認識していることを示す条文が定められることがある。その場合の条文には［①］を表す shall や［②］を表す may/be entitled to などは使われず，［③］，understand，または recognize などの動詞が使われる。なお，それらの動詞の時制は，［④］とするのが通常である。

●答え

①義務　②権利　③ acknowledge　④現在形

第 II 章

義務・責任を制限する・除く・緩和する方法

第Ⅰ章では，本来契約に定められているべき相手方の義務・責任，および，自社の権利が適切に定められていない場合に，それらを追記するために必要となる基本的な表現を紹介した。この第Ⅱ章では，本格的に契約書を修正するために必要となる表現を身につけていく。自社にとって不利な内容の条文の典型例は，過大な義務・責任が定められている場合である。これを正すには，そういった義務・責任の範囲を制限する，または，過大な部分を除く，さらには，程度を緩和することが有益である。それらの表現をここで身につけよう。

パターン 9 制限する・上限をつける方法

契約書の修正の主なものは，自社が負う義務・責任を制限する・上限をつけることだと述べた。ここでは，その代表的な表現を紹介する。

問題① 納期遅延 LD

下の例文は，売買契約において，売主が納期に遅れた場合に，買主に対して支払わなければならない予定された損害賠償金額（納期遅延 LD）を定めたものである。

If the Seller fails to deliver the Product to the Purchaser on or before the Deadline for Delivery, the Seller shall pay to the Purchaser the liquidated damages amounting to USD 1,000 for each day after the Deadline for Delivery until the date of the actual delivery of the Product.

売主が納期までに製品を買主に引き渡さない場合には，売主は買主に対して，納期の後から製品の実際の引渡しまで 1 日当たり 1,000 米ドルの予定された損害賠償金額を支払わなければならない。

【Vocabulary チェック】

deliver　〜を引き渡す／delivery　引渡し／liquidated damages　予定された損害賠償金額（略して LD）

このような条文に対して，売主としては，どのような制限を設けるべきだろうか。少し考えてみよう。

そもそも，「予定された損害賠償金額」とは何か？

　この問題を解くために，そもそも，「予定された損害賠償金額」とは何かについて簡単に触れておきたい。

　通常，契約違反が生じた場合，違反した当事者は，相手方が実際に被った損害を賠償する責任を負う。この「実際に相手方が被った損害額」がいくらなのかは，損害を被った当事者（納期遅延の場合には，買主）が証明する必要がある。もしも損害額を証明できない場合には，契約違反の事実が本当にあったのだとしても，違反した当事者から損害賠償金額を得られないことになる。いくらの損害賠償金額を支払う必要があるのかがわからないからである。これが損害賠償の一般的なルールである。

　この例外として考え出されたのが，「予定された損害賠償金額」というものである。これは，契約当事者間であらかじめ，「契約違反が生じたら，違反した者は相手にいくら支払わなければならない」と契約に定めておくものである。こうしておくと，いざ契約違反が生じた場合に，違反された当事者は，自分が被った損害額を証明する必要がなくなる。単に契約違反の事実を示すだけで，あとは自動的に，「契約違反が生じたらいくら支払う」と契約に定められている金額を支払ってもらえるのである。「予定された損害賠償金額」は，英語ではliquidated damagesと書く。略してLDとも呼ばれる。そして，売買契約や請負契約において納期に遅れた場合の損害賠償金額を定めたものが，納期遅延LDと呼ばれるものである。納期遅延LDは，通常，納期に1日遅れたら，遅れた当事者である売主が買主にいくら支払わなければならないかを定めている。そして，もしも10日遅れたら10倍の金額を売主が買主に支払わなければならないことになる。

　納期遅延LDとは，以上のようなものだと理解した上で，改めて，上の条文を売主の立場でみた場合に，どのような修正を加えるべきか考えてみよう。

　ここで売主として考えたいのは，「納期遅延LDを支払う責任を制限できないか？」ということである。例えば，売主が製品を引き渡すのが納期から100日，さらには1000日も遅れたという場合，LDとして買主に支払わなければならない金額も100倍，そして1000倍となるとすると，売主が負う損害賠償金額

が巨額になってしまう。それだと，売主の負担能力を超えることもあるだろう。最悪のケースとしては，納期遅延 LD の支払のために売主が破産することになるかもしれない。そのような事態を避けるために，売主としては納期遅延 LD の支払額に上限をつけたいところである。つまり，次のような条文を定めたい。

> 製品の引渡しにおける遅れについての売主の全責任は，契約金額の 20％を<u>超えない</u>。

上の条文から，上限を付けるには，「～を超えない」という表現がポイントになることがわかる。そのような場合に使えるのが，「exceed ＝～を超える」である。具体的には，以下のように追記する。

【納期遅延LDの上限】

> The Seller's total liability for the delay in the delivery of the Product shall <u>not exceed</u> the amount of 20% of the Contract Price.
> 製品の引渡しにおける遅れについての売主の全責任は，契約金額の 20％を超えない。

【Vocabulary チェック】

liability　責任／delay　遅れ／delivery　引渡し／exceed　～を超える

問題②　累積責任

問題①では，売主の納期遅延 LD の支払に上限を設けた。次に，売買契約の売主が負う損害賠償責任のすべてに上限を設けるための条文を考えてみよう。どのようなものが考えられるだろうか。

売買契約では，売主が負う責任として，以下のようなものがある。

① 納期までに製品を引き渡せない場合の責任（納期遅延 LD の支払）
② 仕様に合致する性能の製品を納入できない場合の責任（性能未達 LD の支払）
③ 保証期間中に不適合が発見された場合の修理・交換・損害賠償の責任
④ 売主の原因で買主に契約を解除された場合の損害賠償の責任

売主としては，これらの合計の責任に上限を設けたいところである。和文では，以下のようなものである。

本契約に関する売主の買主に対する累積責任は，契約上，不法行為上，またはその他の場合でも，契約金額の 50%を超えない。

納期遅延 LD に上限を定めた場合と同じく，exceed を用いて書いてみよう。答えは，下のようになる。

【累積責任の上限】

The aggregate liability of the Seller to the Purchaser in connection with this Contract, whether in contract, tort, or otherwise, shall <u>not exceed</u> the amount of 50% of the Contract Price.

【Vocabulary チェック】

aggregate　累積，合計／in connection with　～に関する／tort　不法行為／or otherwise　……その他の／exceed　～を超える／amount　金額

問題③　保証期間の延長

他にも売主の責任に上限を設けたいものは何かないだろうか。
売主は，製品の保証期間中に不適合が発見されたら，それを無償で修理・交

換する責任を負うのが通常である。これは契約不適合責任，または保証責任と呼ばれるものである。この責任は，製品の検収から 24 カ月間のような一定期間内に発見された不適合に関するものだが，その期間内に不適合が発見された場合，売主がその不適合の修理を完了してから保証期間が延長される仕組みになっているのが通常である。延長方法にはいくつかあるが，売主にとって一番嫌なのは，下の条文のように，「最初から保証期間がやり直される」というものである。つまり，不適合があった部分については，修理完了後から 24 カ月間の保証期間に服することになるものである。

【保証期間の延長の上限】

> The Warranty Period shall be the period equal to twenty-four (24) months from the date of the delivery of the Product.
> The Warranty Period with respect to the Defective part of the Product that the Seller repairs, replaces, or makes good shall be extended by twenty-four (24) months upon the completion of such repair, replacement, or making good.
> 保証期間は，製品の引渡日から 24 カ月間である。
> 売主が修理・交換する製品の不適合部分に関する保証期間は，その修理・交換後 24 カ月間延長される。

【Vocabulary チェック】
warranty period　保証期間／equal to　〜に等しい／with respect to　〜に関する／defective　不適合のある〜／repair　（動）〜を修理する，（名）修理／replace　〜を交換する／make good　〜を直す／extend　〜を延長する／completion　完成，完了／replacement　交換

　この場合，不適合が発見されるたびに，保証期間が 24 カ月間延長されることになるが，これだといつまでたっても保証期間が続いていくことになりかねない。売主としては，どこかに歯止めを設けておきたいところである。和文では下のような条文が考えられる。

保証期間は，製品の引渡日から 48 カ月間を超えない。

これを，また exceed を用いて書いてみよう。
答えは，下のようになる。

The Warranty Period shall <u>not exceed</u> forty-eight (48) months after the date of the delivery of the Product.

なお，期間に上限を設ける場合には，exceed ではなく，以下のように extend を用いることもできる。

The Warranty Period shall <u>not be extended</u> by more than forty-eight (48) months after the delivery of the Product.
保証期間は，製品の引渡日から 48 カ月を超えて延長されない。

 豆知識⑦　〜定義された名詞を形容詞的に用いたい場合の定義の仕方〜

　「不適合」を名詞である Defect と定義したものの，実際に条文を書いていると，「不適合のある部分」のように，定義した文言を形容詞的に使いたいと思うときがある。このようなとき，「Defective part としてよいのか？　しかし，Defect は定義したが，Defective は定義していないのに大丈夫か？　こんなときは defective と書いたほうがよいか？」と悩んだりする。このような場合に便利なのが，次のような定義の仕方である。

<u>Defect</u> means …… and <u>Defective</u> is construed accordingly.
　「Defect」は……という意味であり，「Defective」はそれに応じて解釈される。

こうすることで，Defective は，定義された Defect の意味に対応する意味をもつことになり，問題なく，Defective part などのように使うことができるようになる。

上限を定める他の書き方

このように，①納期遅延 LD の上限，②累積責任の上限，そして③保証期間の延長の上限などを定める際には，「not exceed ＝～を超えない」という表現を使うととても便利だが，他の単語を用いても，責任を制限することができる。どのような単語が使えるか少し考えてみよう。

「～を超えない」とは，ある一定のライン以下に「抑える」ことを意味すると考えると……。

つまり，「制限する」のである。よって，not exceed の代わりに「制限する」という意味の limit を用いることができるとわかる。実際，「責任上限」は，limitation of liability と呼ばれるが，この limitation は limit（～を制限する）の派生形である。

それでは，練習のため，この表現を用いて下の条文を書き換えてみよう。

<u>練習問題</u>

① The Seller's total liability for the delay in the delivery of the Product shall not exceed the amount of 20% of the Contract Price.

② The aggregate liability of the Seller to the Purchaser in connection with this Contract, whether in contract, tort, or otherwise, shall not exceed the amount of 50% of the Contract Price.

③ The Warranty Period shall not exceed forty-eight (48) months after the date of the delivery of the Product.

<u>limit を用いて書き換えてみよう</u>

↓

① The Seller's total liability for the delay in the delivery of the Product shall [   ] the amount of 20% of the Contract Price.

② The aggregate liability of the Seller to the Purchaser in connection with this Contract, whether in contract, tort, or otherwise, shall [   ] the amount of 50% of the Contract Price.

③ The Warranty Period shall [   ] forty-eight (48) months after the date of the delivery of the Product.

●答え

「be limited to」が入る。

☕ コラム④ ～「英語を勉強する」と「英語で勉強する」～

　英語の勉強として，TOEIC や英検の勉強を頑張ってみたが，なぜか続かない，という人もいるかもしれない。なぜ，続かないのか。それは，自分にとってあまり興味がわかないテーマについての英文を読むのが苦痛なのではないだろうか。私はそうであった。そのような英文を読んでいると，「こんなに苦労して読み進めながら英単語を覚えたところで，誰かとこのジャンルについて議論するわけでもないし，このテーマの記事を web で読もうとも思わない。では，なぜ，今，自分はこの英文を読んでいるのか？」と思ってしまい，その後は続けられなくなる。一方，仕事で関わるジャンルであれば，続けられた。日本語では書かれていないことが，英語の本や記事では書かれているということはよくある。仕事に役立つと思えるから，積極的に読もうと思える。だから，続く。同じテーマについての本を何冊も読んでいると，その分野で頻出する英単語が自然と身につく。その分野でよく使われる言い回しもわかってくる。そのうち，小見出しをみた瞬間に，そこにおよそ何が書かれているか予想できるようになるので，読む本が増えるほど，1冊の本を読み終えるスピードが速くなる。

　もちろん，様々なジャンルに触れるのが好きだというのであれば，そこに出てくる英単語を覚えるのは苦痛ではないのだろうが，そういうことには興味がなく，仕事で必要な範囲で英語を習得したいというだけなら，「英語を勉強する」のではなく，仕事に関係するものだけを「英語で勉強する」という方法もよい

と思う。何かを上達させるために一番必要なことは，続けることである。英語についても，自分があきずに続けられる方法を見つけようとしてみるとよいと思う。

パターン 10　例外を定める方法

　売買契約において売主が義務に違反すると，売主には買主に対する損害賠償責任が生じる。その損害賠償責任を狭めるために，売主はパターン 9 で紹介した exceed や limit を使って，以下のように責任に上限をつけようとするのが通常である。このとき，買主の立場からは，どのような修正を加えるべきか。

The aggregate liability of the Seller to the Purchaser in connection with this Contract, whether in contract, tort, or otherwise, shall not <u>exceed</u> the amount of 50% of the Contract Price.
本契約に関する売主の買主に対する累積責任は，契約上，不法行為上，またはその他の場合でも，契約金額の 50％を超えない。

　例えば，売主による契約違反がいかなる理由によるものであっても，常に責任に上限があるというのは，受け入れがたいと感じるのではないか。つまり，買主としては，ある一定の場合には，この責任上限が適用されないようにしたいところである。そこで，以下のような文言を追記することが考えられる。

売主の故意・重過失によって生じる損害を除いて

　では，以下の文言をヒントにして，上の和文を英語にしてみよう。

故意：willful misconduct
重過失：gross negligence

答えは，次のようになる。

<u>except</u> for the damage caused by the Seller's gross negligence or willful misconduct

---

【Vocabulary チェック】
cause　～を引き起こす

　ここでぜひ身につけたいのが，「～を除く」という意味をもつ except である。これは，英文契約書において，義務や責任を狭める際に，最もよく使われる表現といえる。この except が便利であるのは，必ずしも，上にあるように except for ＋名詞のように，後ろに名詞がくる場合しか使えないわけではない，という点である。例えば，上の英文は，実質的な意味を変えることなく，次のように書くこともできる。

<u>except</u> where the damage is caused by the Seller's gross negligence or willful misconduct
損害が売主の故意・重過失によって生じる場合を除いて

　このように，except where を用いることで，「主語＋動詞の場合を除く」と書くこともできる。このことの何が便利なのかというと，ある事柄を除きたい場合に，それが名詞であろうが，主語＋動詞のような文であろうが，except を用いることができる，という点である。
　この他にも，except の後に持ってくることができる形はいくつかあるので，その例を以下に示す。

---

① except for ＋名詞→「名詞を除き」
② except where/when ＋主語＋動詞→「主語＋動詞の場合を除き」

---

③　except in the case of ＋名詞→「名詞の場合を除き」

④　except that 主語＋動詞→「主語＋動詞であることを除き」

⑤　except to the extent that 主語＋動詞→「主語＋動詞である範囲を除き」

⑥　except as provided in Sub-Clause 5.4 →「第５条第４項に定められている事項を除き」

⑦　except as otherwise provided in this Agreement →「本契約に別途定められている場合を除き」

⑧　except as necessary for 名詞→「～のために必要な場合・事項を除き」

⑨　except as necessary to do →「～するために必要な場合・事項を除き」

except as provided in Sub-Clause 5.4 の文法的解説

　上の⑥は，契約書中のある条文に定められている事項を除きたいときに使える表現で，英文契約書中でよく目にすると思う。しかし，この表現について文法的に説明できる人は少ないかもしれない。文法的な理由を理解できていないと，自分で自信をもって使うことは難しい。というわけで，ここでしっかり理解しておこう。

　まず，as は関係代名詞として働いている。となると，本来は先行詞があるはずで，この先行詞が以下のように省略されているのである。

---

except (for such 名詞) as provided in Sub-Clause 5.4

　さらに，as の後ろには，「be 動詞」，または「助動詞 may ＋ be 動詞」があるのだが，それも以下のように省略されている。

---

except (for such 名詞) as ((may) be 動詞) provided in Sub-Clause 5.4

このことから，必ずしも，except as provided in Sub-Clause 5.4 という形で書かなければいけないわけではない，ということに気がついただろうか。つまり，関係代名詞として as ではなく，使い慣れている which または that を用い，また，何ら省略せずに，次のように書いてもよいのである。

---

except for <u>名詞</u> that is provided in Sub-Clause 5.4

上の理屈をしっかり理解できれば，as を用いた省略型でも，省略せずに，しかも which または that を用いた形でも，どちらでも自信をもって使えるようになるだろう。

練習問題
以下の空欄を和文の下線部分に該当する英語で埋めてみよう。

The Contractor shall pay all taxes and duties required to be paid by him under this Agreement, and the Contract Price shall not be adjusted for any of these costs, [　　　].

請負者は，本契約に基づき請負者によって支払われることを求められているすべての税金を支払わなければならず，そして，契約金額は，<u>本契約の第9条第4項に定められている費用を除き</u>，それらの費用のために何ら調整されない。

【Vocabulary チェック】
tax　税金／duty　関税，税金／require　〜を求める／adjust　〜を調整する
●答え
（省略した表現）except as provided in Sub-Clause 9.4 hereof
または，（省略していない表現）except for such costs as is provided in Sub-Clause 9.4 hereof ／
except for the costs that is provided in Sub-Clause 9.4 hereof など

　ちなみに，例文の解釈は，以下のとおりである。

第9条第4項に，何らかの費用について発注者が負担する旨が定められている。その第9条第4項に定められている費用以外のものは，請負者が負担し，それは請負者が契約金額として発注者から支払われる金額の中に最初から含まれているのであって，後から追加で請負者に支払われるものではない。

except as necessary to do/except as necessary for 名詞の文法的解説

上の⑧と⑨に当たる表現も，⑥ except as provided in Sub-Clause 5.4 と同じように，契約書中でよくみかける表現である。こちらも使いこなせるようになるために，文法の観点から理解しておこう。

こちらの as も関係代名詞で，先行詞が省略されている。また，as の後に来るはずの be 動詞または may + be 動詞がやはり省略されている。

> except (for such 名詞) as ((may) be 動詞) necessary to do
> except (for such 名詞) as ((may) be 動詞) necessary for 名詞

となると，こちらも，as ではなく，関係代名詞 which または that を用いて，次のように省略せずに書き表すことができる。

> except for 名詞 that is necessary to do
> except for 名詞 that is necessary for 名詞

【Vocabulary チェック】
necessary　必要な

<u>練習問題</u>
以下の空欄を和文の下線部分に該当する英語で埋めてみよう。

> After the Contractor receives the notice of termination from the Owner, the Contractor shall promptly remove the goods and equipment from the Site, [   ].
>
> 請負者が発注者から解除の通知を受領したら，請負者は直ちに，<u>安全のために必要となり得るものを除いて</u>，サイトから製品や機器を取り除かなければならない。

●答え

（省略した表現）except as necessary for safety

または，（省略していない表現）

except for such goods and equipment as may be necessary for safety ／

except for the goods and equipment that may be necessary for safety

unless

　また，この except と並んで押さえておきたいのが，unless である。この unless は接続詞なので，後ろに「主語＋動詞」が来る形となるのが原則である。意味は，以下のように「主語が〜でない限り」という意味になる。

> unless the damage is caused by the Seller's gross negligence or willful misconduct
>
> 損害が売主の故意・重過失によって引き起こされるのでない限り

　この unless を使う場合，その後に来るべき「主語＋be 動詞」が省略されることがよくある。つまり，上の例文は，下のようになることがある。

> unless ~~(the damage is)~~ caused by the Seller's gross negligence or willful misconduct

　また，主語＋be動詞が省略された結果，次のように unless ＋形容詞の形になることもある。

---

unless <u>the damage is</u> attributable to the Purchaser's negligence
↓
unless attributable to the Purchaser's negligence
損害が買主の過失に起因するのでない限り

【Vocabulary チェック】

attributable to　～に起因する

　unless が契約上用いられる場合としては，他に，次のようなものもある。

---

① unless the Parties agree otherwise → 「両当事者が別途合意するのでない限り」

② unless otherwise agreed by both Parties → 「両当事者間で別途合意されない限り」

③ unless otherwise provided in this Agreement → 「本契約に別途定められるのでない限り」

---

except と unless の関係

　一見，この unless は，except と無関係に思えるかもしれないが，実は，except を用いて書かれた条文は，unless を用いて書くこともできる。というのも，「Aを除いてBである」ということは，「Aでない限りBである」ということだからである。念のため，下の例文でも確認しておこう。

> The aggregate liability of the Seller to the Purchaser in connection with this Contract, whether in contract, tort, or otherwise, shall not exceed the amount of 50% of the Contract Price, <u>except where</u> the Purchaser suffers the damage by a reason of the Seller's gross negligence or willful misconduct.
>
> 本契約に関する売主の買主に対する累積責任は，契約上，不法行為上，またはその他の場合でも，売主の故意・重過失の原因で買主が損害を被る<u>場合を除いて</u>，契約金額の 50％を超えない。

【Vocabulary チェック】

aggregate　合計の，累積の／tort　不法行為／or otherwise　……またはその他の／exceed　〜を超える／suffer　〜を被る

　上の例文の except where を unless に置き換えてみると次のようになる。

> The aggregate liability of the Seller to the Purchaser in connection with this Contract, whether in contract, tort, or otherwise, shall not exceed the amount of 50% of the Contract Price <u>unless</u> the Purchaser suffers the damage by a reason of the Seller's gross negligence or willful misconduct.
>
> 本契約に関する売主の買主に対する累積責任は，契約上，不法行為上，またはその他の場合でも，売主の故意・重過失の原因で買主が損害を被る<u>のでない限り</u>，契約金額の 50％を超えない。

　except where を用いた「売主の故意・重過失<u>の場合を除いて</u>，売主の責任が 50％を超えない」＝ unless を用いた「売主の故意・重過失<u>でない限り</u>，売主の責任が 50％を超えない」であることがわかっていただけただろうか。

　これを踏まえて，1 つ練習をしてみよう。

　請負契約において，注文者は請負者に対して，自己の都合で仕事を中断する

ように求める権利があるのが通常である。このとき，仕事を中断すれば請負者の仕事の完成は遅れるので，下のように，請負者は納期を延長したり，中断によって生じる追加費用を注文者に請求できることが定められているのが一般的である。ここで，注文者の立場になって，下の条文に修正を加えることを考えてみよう。

If the Owner instructs the Contractor to suspend the work, the Contractor is entitled to claim an extension of time for the delay and payment of the additional costs arising from such suspension.

もしも注文者が請負者に仕事の中断を指示する場合，請負者は，かかる中断から生じる遅れについての納期延長，および，追加費用の支払を請求できる。

【Vocabulary チェック】

instruct A to do　Aに〜するよう指示する／claim　〜を請求する／extension of time　納期延長／delay　遅れ／arising from　〜から生じる／suspension　中断

　答えは，注文者が中断を指示することになった原因が，請負者の行為にある場合には，注文者は納期延長も追加費用も負担せずに済むようにすることである。以下のように追記する。

If the Owner instructs the Contractor to suspend the work, the Contractor is entitled to claim the extension of time for the delay and payment of the additional costs arising from such suspension, <u>except where such suspension is necessary by a reason of the Contractor's negligence or willful misconduct.</u>

もしも注文者が請負者に仕事の中断を指示する場合，請負者は，<u>かかる中断が請負者の故意または過失が原因で必要となる場合を除いて</u>，かかる中断から生じる遅れについての納期延長，および，追加費用の支払を請求できる。

---

except ではなく，unless を用いると，次のようになる。

If the Owner instructs the Contractor to suspend the work, the Contractor is entitled to claim the extension of time for the delay and payment of the additional costs arising from such suspension <u>unless such suspension is necessary by a reason of the Contractor's negligence or willful misconduct.</u>

もしも注文者が請負者に仕事の中断を指示する場合，請負者は，<u>かかる中断が請負者の故意・過失が原因となって必要となるのでない限り</u>，かかる中断から生じる遅れについての納期延長，および，追加費用の支払を注文者に請求できる。

---

except as otherwise provided in this Agreement と unless otherwise provided in this Agreement の文法的解説

　except as otherwise provided in this Agreement や unless otherwise provided in this Agreement といった表現は，英文契約書で頻繁にみかけるが，おそらく，①意味，②どんな場合にこれを用いるべきなのか，そして，③except～の場合には as があるのに，unless の場合には as がないのはなぜなのか？　という点について初学者の方は悩まれると思う。自信をもって使いこなせるようになるために，この3点についてここでしっかり理解しておこう。

意味は？

　意味は，「本契約に別途定められている場合<u>を除いて</u>」または「本契約に別途定められている<u>のでない限り</u>」である。言い回しは若干異なるものの，両者は実質的に同じ意味である。

どのような場面で使うべきなのか？

これは，「原則的な扱いを定める条文の頭」に定められることが多い。

Except as otherwise provided in this Agreement, the Seller shall bear all taxes, customs, or any other charges imposed on the Product.
本契約に別途定められている場合を除いて，売主は製品に課されるすべての税金，関税，またはその他の諸費用を負担しなければならない。

【Vocabulary チェック】
bear　〜を負担する／tax　税／customs　関税／charge　料金, 手数料／impose A on B　BにAを課す

　例えば，上の条文だと，売主が，製品に係る税を負担するのが<u>原則</u>であることになる。ただ，「本契約に別途定めがある場合を除いて」ということなので，契約書中のどこかに，「別のこと」，例えば，ある種の税金については買主が負担することが定められていれば，それは，「別途定めがある場合」に当たるので，例外的に買主が負担することになる。したがって，通常，この except as otherwise provided in this Agreement／unless otherwise provided in this Agreement が定められている場合には，原則的な定めの他に，例外の定めが契約書中のどこかにあることが多い。

as の有無

　except <u>as</u> otherwise provided in this Agreement には as があるのに，unless otherwise provided in this Agreement には as がないのはなぜなのか，疑問に感じた人もいると思う。これには理由がある。
　except とともに用いられている as は関係代名詞で，以下のように as の後の be 動詞と as の先行詞が省略された形となっている。

> except（for such 名詞）as（is）otherwise provided in this Agreement

　一方，unless otherwise provided in this Agreement も，やはり以下のように省略されている。

> unless（主語＋be 動詞）otherwise provided in this Agreement

　省略される前の形をそれぞれ見比べると，except を用いたほうには，関係代名詞 as があるのに対して，unless はそもそも as がない。その結果，省略された結果として残る形の中に，except の場合には as があり，unless にはない，ということになる。

箇条書きの場合

　なお，この except を使う際に，除く対象が多い場合には，箇条書きにすると読みやすくなる。例えば，除きたい事項が 3 つ以上ある場合（ここでは，簡略化して A，B，C，D，そして E の 5 つを除きたいとする），どのように書くべきか。1 つには，次のような書き方がある。

> except for A, B, C, D, and E

　ここでは，A ～ E は 1 文字で書かれているのでさほど読みにくさを感じないかもしれないが，A ～ E がそれなりの長さの文言だった場合，上の書き方では D や E あたりを読んでいるうちに D や E が except for の後に続くものであることを忘れてしまい，「除く対象」になっているものを読んでいるということがわからなくなり，「一体自分は今，何を読んでいるのか？」と思ってしまうこともあるかもしれない。では，このように「除く対象」が数多くある場合に

は，どのように書いたら読みやすくなるだろうか。これについては，例えば，次のような方法が考えられる。

> except for (i)A, (ii)B, (iii)C, (iv)D, and (v)E

つまり，(i)～(v)のような番号を振る。こうすれば，読み手は，except for の対象となるのが全部で5つであることに気がつきやすくなる。また，CやDの表現がそれなりの長さをもつ表現である場合でも，これは「除かれる事項なのだ」と理解しながら読むことができるだろう。

しかし，もっと読み手にとってわかりやすい書き方がある。それが，以下のような書き方である。

> ～, except for the following:
> (i)　A ;
> (ii)　B ;
> (iii)　C ;
> (iv)　D ; and
> (v)　E.

この形であれば，(i)～(v)が except for の対象となることが一目瞭然となる。

練習問題①

　下は，売買契約や請負契約における契約不適合責任に関し，「不適合」とは何かを定義する条文である。売主の立場になった場合，どのような修正を行うべきか。

> "Defect" means a failure of the Product to comply with the requirements of the Specifications.
>
> 「不適合」とは，製品が仕様書の要求を守っていないことを意味する。

【Vocabulary チェック】

failure　～しないこと，懈怠／comply with　～を守る，～を遵守する／requirement　要求／specifications　仕様書

　そもそも売主は，通常，次の条文にあるように，検収後一定の期間，買主に対して製品に不適合（Defect）がないことを保証し，もしも Defect が保証期間中に発見された場合には，売主が無償で修理・交換する責任を負うのが通常である。

> The Seller warrants to the Purchaser that the Product is in accordance with the Specifications and is free from any Defect in design, materials, and workmanship of the Product. If any Defect is found in the Product during the Warranty Period, the Seller shall repair, replace, or make good such Defect at the Seller's costs.
>
> 売主は，買主に対して，製品が仕様書に合致していること，および，製品の設計，材料，そして技量に何ら不適合がないことを保証する。もしも不適合が製品に発見された場合には，売主はその不適合を自己の費用負担で修理・交換しなければならない。

【Vocabulary チェック】

warrant　～を保証する／in accordance with　～に従う／specifications　仕様書／be free from　～がない／defect　不適合／workmanship　技量／warranty period　保証期間／repair　～を修理する／replace　～を交換する／make good　～を直す／at one's cost　～の費用負担で

　しかし，あらゆる「不適合（Defect）」＝「仕様書との不一致」について売

主が無償での修理・交換の責任を負うというわけにはいかない。例えば，自然摩耗や消耗，そして買主の使用方法が悪かった結果製品に不具合が生じた場合などは，形式的には「仕様書との不一致」があることになるが，それらについて売主が責任を負うというのは不公平である。そのような仕様書との不一致については，「例外として責任を負わない」としたいところである。そこで，売主が契約不適合責任を負うことになる Defect の定義について，先ほど紹介した except を用いて次のように修正することが考えられる。

"Defect" means a failure of the Product to comply with the requirements of the Specifications, <u>except where such failure results from</u>:

(ⅰ) improper operation or maintenance of the Product by the Purchaser;

(ⅱ) operation of the Product by the Purchaser outside the operational procedure and maintenance manual provided by the Seller;

(ⅲ) normal wear and tear;

(ⅳ) erosion or corrosion;

(ⅴ) any materials beyond their normal useful life;

(ⅵ) any modification or alteration of the Product or any part thereof by the Purchaser or third party; or

(ⅶ) the use in the Product of any item which is not procured by the Seller.

「不適合」とは，製品が仕様書の要求を守っていないことを意味する。ただし，かかる状況が以下から生じる場合を除く。

(ⅰ) 買主による製品の不適切な運転またはメンテナンス,

(ⅱ) 売主が提供する運転手続およびメンテナンスマニュアルを越えた買主による製品の運転,

(ⅲ) 自然摩耗および消耗,

(ⅳ) 腐食,

(ⅴ) 通常の使用年数を超えた材料,

(vi) 買主または第三者による製品またはその一部の修理・交換，または

(vii) 売主によって提供されていない物の製品への使用

このようにすることで，売主が保証責任を負うことになる Defect の範囲を狭めることができる。

練習問題②

もう1つ練習してみよう。以下は，秘密保持契約における秘密保持義務を定める条文である。

The Receiving Party shall protect and preserve the Confidential Information and shall not disclose the Confidential Information to any third party without the Disclosing Party's prior written consent.

The Receiving Party shall not use or permit any third party to use the Confidential Information for any purpose other than the Purpose.

The Receiving Party shall treat the Confidential Information with due care.

受領当事者は，秘密情報を保護しなければならず，開示当事者の事前の書面による同意を得ずに，第三者に対して秘密情報を開示してはならない。

受領当事者は，秘密情報を，（定義されている）目的以外のいかなる目的のためにも使用してはならず，第三者が使用することを許可してもいけない。

受領当事者は，善良なる管理者の注意を尽くして，秘密情報を扱わなければならない。

【Vocabulary チェック】

protect　〜を保護する／preserve　〜を保護する／disclose　〜を開示する／consent　同意／permit　〜を許可する／treat　〜を扱う／due care　相応の注意，適切な注意，善良なる管理者の注意

しかし，このような秘密保持義務を負うのにふさわしくない情報がある。それは，開示当事者が秘密情報を受領当事者に対して開示する前の時点ですでに公にされている情報や，受領当事者が独自に入手した情報などである。そういう情報については，秘密保持義務を負わないようにするために，どのような修正方法が考えられるだろうか。

1つの方法としては，先ほどの Defect の定義を狭めたのと同じ方法で，Confidential Information の定義を狭めることである。つまり，秘密保持義務とは，Confidential Information の扱いについて課されているものなので，以下のように，Confidential Information の定義を修正し，契約締結時点ですでに公にされている情報などは，そもそも Confidential Information には当たらないようにするのである。

"Confidential Information" means any technical or business information regarding Product A, including, but not limited to, documents, drawings, specifications, data, product prototypes and software, disclosed by a party hereto (hereinafter referred to as the "Disclosing Party") to the other party hereto (hereinafter referred to as the "Receiving Party") under this Agreement in (i) tangible or electronic form with an appropriate indication such as "CONFIDENTIAL" or (ii) oral, visual, or other intangible form, which is identified by the Disclosing Party as confidential at the time of disclosure and confirmed with a summary reduced to writing by the Disclosing Party within fourteen (14) days after the date of such disclosure, <u>except for</u> any information that

(i) was in the public domain at the time of the disclosure by the Disclosing Party;

(ii) becomes available in the public domain through no breach of this Agreement by the Receiving Party;

(iii) was in the possession of the Receiving Party prior to the disclosing by the Disclosing Party;

(iv) is independently developed by the Receiving Party

(v) becomes available to the Receiving Party by a third party without assuming any confidentiality obligation; or

(vi) is required to be disclosed under an applicable law, governmental order or judicial order.

「秘密情報」とは，本契約に基づいて一方当事者（以下，「開示当事者」という）から他方当事者（以下，「受領当事者」という）に対して開示される，文書，設計図書，仕様書，データ，製品の試作品，およびソフトウェアを含むがそれに限られない製品Ａに関する技術上または営業上の情報で，(i)有形または電子的な方法で開示された情報で，「秘密」という適切な表示を付されたもの，または(ii)口頭，視覚，またはその他の無形的な方法で開示された情報で，開示時点で秘密であるとして開示当事者によって特定され，かつ，開示後14日以内に開示当事者によって文書の要約によって確認されたものを意味する。ただし，以下の情報を除く。

(i) 開示当事者による開示の時点で公開されていた情報，

(ii) 受領当事者が本契約に違反することなく公開されるに至る情報，

(iii) 開示当事者による開示の前に受領当事者がもっていた情報，

(iv) 受領当事者によって独自に開発される情報，

(v) 秘密保持義務を負うことなく，第三者によって受領当事者に利用可能とされる情報，または

(vi) 法律，政府による命令，または裁判所による命令に基づき開示するよう求められる情報。

これにより，すでに公開されている情報など上の(i)〜(vi)に該当する情報に対しては，秘密保持義務を負わないことにできた。

 豆知識⑧　関係代名詞の that と which の使い分け

企業同士が結ぶ英文契約では，「人」についての定めがなされることはほとんどないので，関係代名詞を主格や目的格として使う場合には，who や whom で

はなく，which または that が使われるのが通常である。ここで，どちらを用いても文法的には問題ないが，which は限定用法（先行詞の意味を<u>限定する</u>用法）でも非限定用法（which の前にカンマを置いて，先行詞に<u>意味を付け加える</u>用法）でも使えるのに対して，that は限定用法でしか使えない。そこで，英文契約においては，限定用法で用いる場合には that を，非限定用法で用いる場合には which を用いるというように自分の中で使い分けのルールを決めておくと，いちいちどちらを使うべきか迷うことがなくなり，スッキリする。

<90頁の例文の構造図>

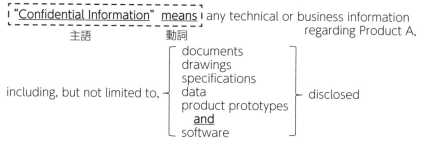

```
┌ ─ ─ ─ ─ ─ ─ ─ ─ ─ ─ ─ ─ ─ ─ ─ ┐
│ "Confidential Information"  means │ any technical or business information
└ ─ ─ ─ ─ ─ ─ ─ ─ ─ ─ ─ ─ ─ ─ ─ ┘                    regarding Product A,
        主語              動詞
```

including, but not limited to, ⎰ documents / drawings / specifications / data / product prototypes / **and** / software ⎱ ⎯ disclosed

by a party hereto (<u>hereinafter referred to as the "Disclosing Party"</u>)
to the other party hereto (<u>hereinafter referred to as the "Receiving Party"</u>)

under this Agreement

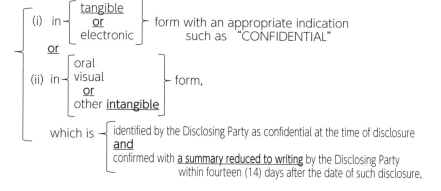

(i) in ⎰ tangible / **or** / electronic ⎱ ⎯ form with an appropriate indication such as "CONFIDENTIAL"

or

(ii) in ⎰ oral / visual / **or** / other **intangible** ⎱ ⎯ form,

which is ⎰ identified by the Disclosing Party as confidential at the time of disclosure / **and** / confirmed with **a summary reduced to writing** by the Disclosing Party within fourteen (14) days after the date of such disclosure,

except を用いない他の修正方法

　上の2つの例は，Defect と Confidential Information の定義に except を用いることでその範囲を狭めるという修正方法であった。一方で実は，それらの定義には一切修正を加えずに，効果は同じとなる修正方法もある。どのような方法があるか少し考えてみよう。

　答えは，「A does not apply to B ＝ A は B には適用されない」という表現を使った方法である。

　「Defect が保証期間中にみつかったら，売主が無償で修理・交換する責任を負うこと」，また，「Confidential Information については，第三者に開示してはいけないなどの秘密保持義務を負うこと」，こういった責任や義務（A に該当）が，「製品に対する買主の不当な使用によって生じる不適合」や「すでに公開されている情報」（B に該当）には，適用されない，というように定めるのである。以下が答えである（ほぼ上の例文と同じなので，除く対象事項の記載と和訳は省略）。

【契約不適合責任】

9.1 The Seller warrants to the Purchaser that the Product shall be in accordance with the Specifications and shall be free from any Defect in design, materials, and workmanship of the Product. If any Defect is found in the Product during the Warranty Period, the Seller shall repair, replace, and make good such Defect at its cost.

9.2 The Seller's warranty to the Purchaser set forth in Sub-Clause 9.1 hereof <u>does not apply to</u> any Defect arising from:

　(i)〜(vii)

9.2　本契約の第9条第1項に定められている売主の買主に対する保証は，以下から生じる不適合には適用されない。

【秘密保持義務】

> The Receiving Party's confidential obligation set forth in this Agreement <u>does not apply to</u> any information that
> (ⅰ)～(ⅵ)
> 本契約に定められている受領当事者の秘密保持義務は，以下の情報には適用されない。

　上の2文は，except を使っていないが，実質的には except を用いた条文と同じ意味になっている。このような A does not apply to B は，except の代わりに使うことができる表現として押さえておこう。

パターン 11　原因・理由を表す方法

パターン10では，例外を定める表現，つまり，何かを除く表現として except や unless を学んだ。この except や unless は，例えば，「相手方当事者の行為に起因する損害の場合を除き」のように，原因・理由を表す表現とともに用いられることが多い。そこで，パターン11では，原因・理由を表す表現をマスターしよう。具体的には，次の和文を英訳できるようになることを目指す。

---

① 売主の故意・重過失に起因して買主が被る損失または損害

② 不可抗力事由に起因して生じる遅れ

③ 注文者の契約違反に起因して請負者が被る追加費用

④ 発注者によって提供された設計に起因する知的財産権の侵害

⑤ 売主の法律違反に起因する罰金

⑥ 製品の材料に起因する傷害または死亡

⑦ 買主による製品の使用に起因する不適合

これらはすべて，「～に起因して」という文言が含まれている。これは簡単にいえば，「～の原因で，理由で」という意味である。

「原因・理由」

まず押さえておきたいのは，次の表現である。

【形容詞句として原因・理由を表す表現】

A caused by B：Bによって引き起こされるA

A arising from B：Bから生じるA

A arising out of B：Bから生じるA

A resulting from B：Bから結果として生じるA

A attributable to B：Bに起因するA

　これらは直訳したものに微妙な差があるものの，要はどれも，「Bに起因するA」という意味である。すべてAより後ろにある部分がAを修飾している点に注意してほしい。つまり，これらは次のように「形容詞句」として前の名詞Aを修飾するように使われる。

| loss or damage | caused by the Seller
売主によって引き起こされる損失または損害
| loss or damage | arising from the Purchaser's failure
買主の義務違反から生じる損失または損害

　次に押さえておきたいのは，次の表現である。

【副詞句として原因・理由を表す表現】

because of B：Bという理由で

by reason of B：Bという理由で

as a result of B：Bの結果として

　これらは，「Bの原因で〜」という意味を表す。特に意識していただきたいのが，先ほど紹介した A caused by B などとは異なり，「副詞句」であるということである。つまり，これらは前の名詞を修飾するのではなく，次のように動詞や形容詞を修飾する。

- any loss or damage the Purchaser $\boxed{\text{suffers}}$ because of the Seller's act or omission.

  売主の作為・不作為によって買主が被る損失または損害

  because of以下が動詞suffersを修飾している。

- If the Seller $\boxed{\text{suffers}}$ delay by reason of the Force Majeure,

  売主が不可抗力の理由で遅れを被る場合には，

  by reason of以下が動詞suffersを修飾している。

- If the Contractor $\boxed{\text{incurs}}$ additional cost as a result of the Owner's act,

  発注者の行為の結果として，請負者が追加費用を被る場合には，

  as a result of 以下が動詞 incurs を修飾している。

　さらに，形容詞や動詞を修飾する副詞句としても，前にある名詞を修飾する形容詞句としても使えるのが，次の表現である。

【副詞句としても形容詞句としても使える原因・理由を表す表現】

$$\boxed{\text{due to B}}$$

例えば，次のように使われる。

- $\boxed{\text{loss or damage}}$ due to the Contractor's failure

  請負者の義務違反による損失または損害

  due to 以下は形容詞句として名詞 loss or damage を修飾する。

- any loss or damage the Purchaser $\boxed{\text{suffers}}$ due to the Seller's act or omission.

  売主の作為・不作為に起因して買主が被る損失または損害

  due to 以下は副詞句として動詞 suffers を修飾する。

　こうしてみると，due to は直前の名詞を修飾する形容詞句としても，前に

ある動詞を修飾する副詞句としても使えるので，大変便利である。また，次のように後ろに主語＋動詞の節をもってくることもできる。

due to the fact that 主語＋動詞

（損失・損害・追加費用・遅れなど）を被る

　ここまでで，損失や損害が生じた「原因・理由」を書き表すことができるようになった。次に，その損失や損害を「誰が被るのか」を表す方法をご紹介する。それは，以下のような表現である。

suffer／sustain／incur

　これらはすべて，「〜を被る」という意味である。ただし，英文契約書では，suffer と sustain は主に loss，damage，そして delay などと一緒に使われるのに対し，incur は cost とともに使われるという傾向がある。これは英英辞典などに記載されている区別ではなく，あくまで実務上そのような傾向があるということである。例えば，次のようになる。

- any loss or damage <u>suffered</u> by the Purchaser
  買主によって被られる損失または損害
- any loss or damage the Purchaser <u>suffers</u>
  買主が被る損失または損害

- any delay <u>sustained</u> by the Contractor
  請負者によって被られる遅れ
- any delay the Contractor <u>sustains</u>

請負者が被る遅れ

- additional cost <u>incurred</u> by the Contract
  請負者によって被られる追加費用
- additional cost the Contractor <u>incurs</u>
  請負者が被る追加費用

「～によって被られる」という訳からは、「誰が」損失・損害を被ったのかわかりにくいが、「～によって被られる」＝「～が被る」ということなので、結局、suffered by の後にくる者が損害等を被っている主体となる。

ちなみに、時々、次のような表現をみかけることがある。

loss or damage <u>caused by reason attributable to</u> the Seller's negligence
売主の過失に起因する理由によって引き起こされる損失または損害

【Vocabulary チェック】
cause　～を引き起こす／attributable to　～に起因する／negligence　過失

ここでは、caused by、by reason of、そして attributable to といった原因・理由を表す表現が複数組み合わされている。おそらく、文法的に誤りというわけではないと思われるが、冗長である。これは、次のようにシンプルにできる。

loss or damage <u>caused by</u> the Seller's negligence
loss or damage <u>attributable to</u> the Seller's negligence

ここまでくれば、このパターンの最初に出題した問題を解けるのではないだろうか。これを踏まえてもう一度チャレンジしてみよう。

練習問題

① 売主の故意・重過失に起因して買主が被る損失または損害

② 不可抗力事由に起因して生じる遅れ

③ 注文者の契約違反に起因して請負者が被る追加費用

④ 発注者によって提供された設計に起因する知的財産権の侵害

⑤ 売主の法律違反に起因する罰金

⑥ 製品の材料に起因する傷害または死亡

⑦ 買主による製品の使用に起因する不適合

●答え

（以下は1つの例。上で紹介した表現の組み合わせにより他の書き方でも正解となる）

① loss or damage suffered by the Purchaser due to the Seller's gross negligence or willful misconduct

② delay caused by the event of Force Majeure

③ additional cost incurred by the Contractor due to the Owner's failure to perform the obligation under this Contract

④ infringement of intellectual property rights arising out of design provided by the Owner

⑤ penalties resulting from the violation of the laws by the Seller

⑥ bodily injury or death arising from the materials of the Product

⑦ defect（which is）attributable to the Purchaser's use of the Product

---

 豆知識⑨ ～違いに敏感になろう！～

次の2つの条文のうち，売主が責任を負う範囲がより狭いのはどちらか？

A: The Seller shall be liable to the Purchaser for <u>all damage caused by the Seller's negligence</u>.

B: The Seller shall be liable to the Purchaser for <u>all damage unless caused by the Purchaser's negligence</u>.

答え：A

Aでは，売主が責任を負うのは，「売主の過失が原因で生じる損害」である一方で，Bは，売主の過失が原因で生じる損害でなくても，「買主の過失が原因で損害が生じる場合でない限り」売主が責任を負うことになるからである。一見，両者とも差がないように感じるかもしれないが，よく考えると違いがあるということが契約書の中では時々あるので，こういう点も意識して契約書を読むように気をつけよう。

 ## コラム⑤　〜懲罰的損害賠償禁止の原則〜

　米国では，金銭的な損害を被った者，つまり被害者が，加害者である企業を相手に訴訟を起こしてそれに勝利した結果，莫大な賠償金額の支払を受けることがある。その賠償金額は，実際にその被害者が被った経済的な損害額の何倍も大きなものとなることもある。これは，日本では認められていない懲罰的損害賠償が，米国では認められているからである。つまり，加害者に対して，二度と同様の加害行為をしないように罰として賠償責任を課すのである。しかし，ここで注意していただきたいのは，米国においてこの懲罰的損害賠償が認められるのは，契約責任としてではなく，悪性の強い不法行為に対してという点である。米国では，契約違反に対しては，懲罰的損害賠償は認められないのが原則である（懲罰的損害賠償禁止の原則）。これは，たとえ故意で契約に違反した場合や悪意がある場合でも同様である。したがって，契約違反が，悪性の強い不法行為にも当たるという場合には，契約違反者が懲罰的損害賠償を課されることもあり得るが，単なる契約違反に過ぎない場合には，懲罰的損害賠償は認められない。

パターン
12 義務を「努力義務」にする

　契約書には，様々な義務が定められている。この義務を緩和したい場合に，以下のように努力義務に格下げする方法がとられることがある。

The Seller <u>shall</u> ＋動詞の原形＋目的語

↓

The Seller shall <u>use reasonable efforts</u> to ＋動詞の原形＋目的語

【Vocabulary チェック】

effort　努力

　義務から努力義務への格下げがなされるとどうなるのか。それは，「結果」を問われなくなるのである。義務の場合には，とにかく求められたことをやり遂げる必要がある。しかし，努力義務は，「努力しました」といえればよく，仮に結果が出なくても，許される。

　ここでよく議論になるのが，「努力義務の程度」である。具体的には，best effort と reasonable effort の違いは何か？　という問題である。この点については，「両者の間に差はない」という見解もあれば，「差はある」という考えもある。海外の判例では，best effort は，採り得るすべての方法を実施することを意味し，一方，reasonable effort は採り得る方法のうちの1つを実施すればよい，という判断もある。しかし，全世界に共通する理解というのは未だ形成されていない。とすれば，努力義務を課される側としては，できるだけ緩い努力義務になるように，reasonable effort や，さらに commercially reasonable effort 等を用いるのが無難である。

　しかし，もっと努力義務を明確化できないだろうか。そもそも，「義務」とは一体何なのか。これは，「とにかく結果を出すことが求められている」といえる。他の言い方をすると，「いくら費用をかけてでも，やり遂げることが求

101

められている」のである。これは，義務を負っている当事者が「破産するまでやる」という意味である。これについては，もしかすると，「そんなはずはない。そこまで義務とは厳しいのか？」と感じる人もいるかもしれない。しかし，残念ながら，これは大げさな表現ではなく，事実である。普段の業務では，義務をここまで重いものと捉えていないのは，それは通常，企業が扱っている取引が，何ら問題なく実現されているからにすぎない。

　筆者は電機メーカーで大型の発電所を建設するプロジェクトに関わっていたが，その例でいうと，もしも請負者として発電所の建設を請け負ったのにもかかわらず，一向に完成しない場合には，「完成するまで，いくらかけてでも作り続けなければならない」ことになる。この点，「いやいや，契約書には，通常，責任上限（limitation of liability）というものがあり，請負者は一定の金額までしか費用を負担しなくてよいはずだ。いくらかけてでも完成させなければならないということにはならない」と考える人もいるかもしれないが，それは誤りである。責任上限は，契約当事者が負担する損害賠償責任に上限を設ける定めにすぎず，「請け負った仕事を完成させるために必要となる費用について請負者が負担する金額」に上限を設けるものではない。請負者は，理論上，破産して費用を負担する能力がなくなるまで，作り続けなければならない。

　具体例を挙げれば，株式会社東芝の子会社であった米国のウェスチングハウス社が請け負った米国向け4基の原発建設案件では，ウェスチングハウスが最終的に原発を完成できないことになり，最終的には1兆円近い金額を負担しなければならないことになった。それをウェスチングハウスが負担しきれなかったため，その親会社であった東芝が主力の半導体事業を売却して得た資金でそれを何とか支払った。同様に，もしも読者が所属している企業が請負者となった案件で，仕事を完成させることができない場合には，契約金額をはるかに超える金額をかけてでも，とにかく完成させることが求められる。それを普段あまり認識せずに済んでいるのは，読者の属する企業がちゃんと契約金額の範囲内で仕事を完成させているからである。少し本題とずれたが，要は，「義務」とは「最後まで，いくらかけてでもやり遂げること」に本質がある厳しいものなのである。

　逆にいえば，「義務」とは，「お金をかければ，成し遂げられるもの」である

ことが普通である。請負者は、「契約金額の範囲内で完成させられる」という自信があるからこそ、仕事の開始前に契約金額に合意する。その金額の範囲内で仕事を完成し、そして余った分を利益として得られると考えているのである。もしも「いくらかけても完成できるかわからない」という状態であるなら、請負者はその仕事を受注するべきではない。

努力義務を定義する

このように考えると、努力義務の「結果は問われない」とは、純粋な義務とは異なり、「破産するほどのお金をかけてまでやり遂げる必要はない」となる。ただ、この場合でも、「では、いくらまでかけるのが努力義務なのか？」という点は明らかにはならない。この点、もっともわかりやすいのは、「一切お金をかけることなくできる範囲で行うのが、努力義務だ」というものであろう。これなら、基準は明確である。お金をかけずに行うのが「努力義務」、反対にいくらかけてでも成し遂げなければならないのが通常の「義務」である。

しかし、残念ながら、努力義務が全世界でそのように解釈されているわけではない。基本的には、いくらかお金をかけてある行為をすることが求められているようである。ただ、この点は、当事者間で合意してしまえば話は別である。つまり、契約書に、以下のように「請負人はある事項について努力義務を負う。このとき、請負人は、一切、費用をかける必要はない」と明記すれば、その契約書における努力義務とは、そういう意味であると解釈されることになる。

The Contractor shall use reasonable efforts to do ……, however, provided, that the Contractor is not obliged to spend money in order to do …….

【Vocabulary チェック】

be obliged to do　〜する義務を負う／spend　〜を費やす

さらには、金額に上限を設けることも可能である。つまり、以下のように

「請負人はある事項について努力義務を負う。この義務を果たすために求められるのは，最大〇米ドルである」と定めれば，それがそこでいう努力義務となる。

> The Contractor shall use reasonable effort to do ……, however, provided, that the Contractor is not obliged to spend money more than USD [　] in order to do …….

このように定めれば，単に reasonable effort などと定める場合よりも，はるかに明確となる。義務を負う当事者はその金額分だけその事項を行えばよく，その結果，成果が出なくても，「これだけの金額を費やしました」という証拠があれば，義務違反の責任を問われなくなる。また，義務を課すほうも，あらかじめどの程度までの努力が行われるのか予想することができる。

また，定め方として，次のように reasonable effort を定義する方法でもよい。

> "Reasonable Efforts" means efforts that are in good faith with respect to an action required to be attempted by a Party, provided, however, that the term of "Reasonable Efforts" does not require the Party to expend any amounts of money not to be reimbursed by the other Party.
>
> 「合理的な努力」とは，契約当事者が行う義務がある行為に関し，誠実に取り組む努力を意味するが，これは，相手方当事者によって負担されない金額を費やすことを求めるものではない。

【Vocabulary チェック】
in good faith　誠実に／with respect to　〜に関して／attempt　〜を試みる／require A to do　Aが〜することを求める／expend　〜を費やす／reimburse　〜を償還する

これらを整理すると，通常の義務から努力義務へ修正する方法は，以下のとおりとなる。

① 単純に（commercially）reasonable effort とする。
② 金額が生じない範囲とする旨を明記する。
③ 費やすべき金額の上限を明記する。

なお，努力義務とされるケースとしては，次のような場合がある。理由とともに押さえておこう。

> 第三者にある行為をさせる義務を一方の契約当事者が負う場合

理由：第三者にある行為をさせようとしても，その第三者が拒否する場合には，契約当事者は力ずくで第三者にその行為をさせることはできない。そのため，努力義務への緩和が妥当と考えられることがある。

> 発注者が所在する国で政府などの公的機関からの許認可を請負者が取得する必要がある場合に，発注者がそれに協力する義務を負う場合

理由：許認可を実際に発行するのは所轄機関であり，発注者には，許認可が発行されることを保証することはできない。そのため，努力義務にとどめられることがよくある。

練習問題

以下の空欄①～⑤に適切な語を挿入してください。

契約上の義務を負う当事者は，どれだけ［①］をかけてでもその義務を果たさなければならず，その義務を履行するためにかかる費用には，いわゆる［②］は適用されないのが原則である。義務を努力義務に変える場合，その方法としては大きく3つ考えられる。1つは，best effort ではなく，［③］とすること。2つ目は，［④］が生じない範囲とすること。そして3つ目は，費やすべき金額に［⑤］を設けることである。

●答え

①費用　②責任制限条項（または limitation of liability）　③（commercially）reasonable effort　④費用　⑤上限

パターン 13 みなし条文 deem

　検収とは，一般に「納入された製品が契約，特に仕様に合致しているかを検査して受け取ること」をいう。売買契約の契約当事者にとって，この検収は重要な意味をもつ。その理由は，契約当事者の権利・義務・責任に関して変化が生じる基準となるからである。例えば，一般に，売主の契約不適合責任，いわゆる保証責任が生じるのは，検収後である。また，リスク，つまり，どちらのせいでもない事象で製品が毀損・滅失した場合にそれを修理・交換する費用を負担する責任は，検収時を境に売主から買主に移転するとされることが多い。また，通常，売主の納期遅延の損害賠償責任は，予定された検収時までに製品の検収が果たされたのか否かで決まる。このように，いつ検収が生じたのかはどちらの契約当事者にとっても明確にしなければならない事項である。

　では，この「実際に検収となった日」はどのように特定されるのか。これは，「検収証明書が買主から売主に対して発行された日」とされることが多い。つまり，売主は，製品について試験を行った結果，合格したと考えたら，買主にその旨を通知する。その通知を受けて買主が問題ないと考えたなら，買主は「たしかに我々は検収しました」という検収証明書を作成し，日付を記入して売主に送付するのである。その検収証明書に記載された日付が「検収された日」となり，以後，上に挙げた様々な契約上の権利・義務・責任関係の基準となる。

　とすると，売主としては，ここで1つの懸念が生じる。それは，自分たちは適切に検収に向けてなすべきことをなしたのに，買主がぐずぐずしていたために，検収証明書がなかなか発行されず，検収日が不当に遅れてしまうことである。このような不都合を避けるために，売主としては，どのような手当てをすればよいだろうか。

　その答えは，deem を用いて「みなし条文」を定めることである。

　次の条文中の下線部分の deem というのは，「みなす」という意味である。これは，実際には起こっていないが，起こったものとして扱いたい場合に使わ

れるので，検収証明書は実際にはまだ買主から発行されていないが，発行されたものとして扱うことになる。これにより，売主からの通知を買主が受領後10日目に①保証期間が開始され，②リスクが移転し，そして③売主の納期遅延の責任が確定するといった検収の効果が生じることになる。こうすれば，買主がその怠慢によって検収証明書を発行しないことで売主が不利な扱いを受けることを防ぐことができる。

なお，この deem が使われる場面では，契約当事者の義務が定められているわけではないので，shall be deemed to ……のように shall を用いるべきではないという考え方もあるようだが，実際の契約書では，shall が使われていることが多い。

なお，deem と似て非なるものに，presume がある。これは，「～と推定する」という意味である。「推定する」とは，いってみれば，単なる予想である。推定した内容と現実が異なることがわかった場合には，現実が採用される。例えば，検収日が2021年12月１日と推定されても，実際には12月10日だと判明した場合には，推定が覆され，検収日は 12月10日となる。一方「みなす」とは，現実がどうであるかは関係がない。12月１日が検収日とみなされれば，検収日は 12月１日に決定する。presume を辞書で引くと，「～とみなす」という意味が記載されていることがあるが，契約上では「みなす」を表したいときは，deem または constitute（～とみなされる）を用いるのが一般的である。

If the Purchaser fails to give the Certificate of the Taking Over of the Product to the Seller no later than ten (10) days after the Purchaser's receipt of the notice from the Seller without the reasonable reason, the Certificate of the Taking Over of the Product shall <u>be deemed to</u> be issued to the Seller at the time of the expiration of such period.

もしも買主が製品の検収証明書を売主からの通知を受領後 10 日以内に正当な理由なく売主に発行しない場合には，その検収証明書は，その期間満了日に売主に発行されたものと<u>みなされる</u>。

【Vocabulary チェック】

fail to do　〜しない，〜できない／taking over　検収／certificate　証明書／issue　〜を発行する／expiration　満了

　deem が使われる場面としては，他に次のようなものがある。

Any notice sent by airmail post or courier <u>shall be deemed to</u> have been delivered ten (10) days after dispatch and in proving the fact of dispatch it shall be sufficient to show that the envelope containing such notice was properly addressed, stamped and conveyed to the postal authorities or courier service for transmission by airmail or courier.

航空便または宅配便によって送付される通知は，発送後 10 日で送付された<u>とみなされる</u>。発送の事実の証明には，その通知が同封されている封筒に適切に宛先が記載され，切手が貼付され，そして航空便または宅配便による送付のための郵送機関に運ばれたことを示すことが必要である。

Any notice delivered personally or sent by facsimile or email <u>shall be deemed to</u> have been delivered on the date of its dispatch.

直接手渡しの通知，またはファックスもしくは電子メールによって送付される通知は，その発送日に配達されたもの<u>とみなされる</u>。

【Vocabulary チェック】

airmail　航空便／courier　宅配便／deliver　〜を引き渡す，送付する／dispatch　発送／prove　〜を証明する／sufficient　十分な／envelope　封筒／contain　〜を含む，〜を同封する／convey　〜を運ぶ／transmission　送付

　契約では，相手方からの通知の受領日を起点にして期間を換算することがよく行われる。そのため，「その通知はいつ相手が受領したのか？」が問題になる。この場合，1 つひとつの通知について実際に届いた日を確認するという方

法もあるが，常にそれができるとは限らない。そこで，上のような条文を定め，「届いたものとみなす」ということがよく行われる。

　また，売買契約では，通常，売主が多くの義務を負っているが，一部，買主の行為を必要とする場面がある。典型的なものとしては，売主の行った設計図面に対する買主のチェックと承認である。買主の承認が得られなければ売主は製造段階に入ってはいけないことになっている場合には，買主が速やかに図面のチェックを実施しないと，全体の納期に間に合わなくなるおそれがある。この場合，もちろん，買主のせいで遅れた時間分だけ納期を延ばすという契約上の手当てをすることも可能だが，最初に合意した納期に間に合わせることを重視する場合には，売主から図面を受領後一定の期間内に買主が承認もコメントもしない場合に備えて，以下のように deem を用いた定めを置くことが得策である。

If the Purchaser fails to give approval for the design documents to the Seller no later than twenty (20) days after the Purchaser's receipt of such design documents without the reasonable reason, the design documents shall <u>be deemed to</u> be approved by the Purchaser at the time of the expiration of such period.

もしも買主が売主から設計図書を受領後 20 日以内に，合理的な理由がないのに，売主にそれらに対して承認を与えない場合には，その設計図書はかかる期間満了時に買主によって承認されたものとみなす。

【Vocabulary チェック】

fail to do　〜しない，〜できない／approval　承認／receipt　受領／expiration　満了

　このような定めにすることで，売主は，買主からの図面に関する承認をいつまでも待つ必要がなくなる。その結果，当初合意した納期までに製品を引き渡せる可能性が高まる。

第 **III** 章

不明確な文言を
明確にする方法

契約に関して当事者間で争いとなる理由は，主に次の2つである。

① 当事者の主張する事実は実際にあったのか？

② 契約の文言はどのように解釈されるべきなのか？

このうち，①は実際に問題が生じたときに，事実があったことについて，証拠を示して証明できるのかという話である。これは，契約締結時にはどうしようもない問題である。一方，②はまさに契約書を締結する段階で解決できる問題である。契約文言の解釈について各当事者で差が生じるのは，文言が不明確だからである。明確にすれば，争いを減らすことができる。ここでは，この「不明確さをなくすための修正」について解説する。

14 不明確な文言の内容を詳述する方法

　売買契約の支払条件を定める条項の中に，下のような条文があったとする。どこに修正すべき点があるか少し考えてみよう。

The Seller shall submit to the Purchaser the payment document.
売主は，買主に対して，支払文書を提出しなければならない。

【Vocabulary チェック】
submit　～を提出する

　どこが気になっただろうか。修正すべきは，the payment document である。これは，「支払文書」と訳せるが，これが一体どのようなことが記載されている文書なのか，正確にはわからない。the payment document という文言が支払条件を定める条文の中に登場していることと，payment という文言から考えるに，買主に提出しなければ売主が対価の支払を受けられない類の文書だろうという予想はつく。売主は対価を適切に得ることが最大の関心事なので，これは売主にとってはとても重要な文書であるはずで，しっかりと内容を特定する必要がある。

　では，このように意味が不明確な文言が契約書中で使われていることに気がついた場合には，どうすれば明確にすることができるだろうか。

　1つは，その文言を定義することが考えられる。定義条項は第1条に定められていることが多いので，その中に，"Payment Document" means ……と加える。

　もう1つの方法は，条文中に次のような修正を施すことである。

> The Seller shall submit to the Purchaser the payment document <u>specified in Attachment X attached to this Agreement</u>.
>
> 売主は，買主に対して，<u>本契約に添付されている添付資料Xに定められている</u>支払文書を提出しなければならない。

【Vocabulary チェック】

specify　〜を記載する／attachment　添付資料

　このような追記をした上で，Attachment X に payment document に記載されるべき内容を詳しく記載する。例えば，「支払われるべき金額」やその金額に相当する「仕事の内容」などである。そうすれば，payment document に売主が何を記載した上で買主に提出しなければならないのかが明確になる。もちろん，必ずしも上のように添付資料に詳細を記載しなければならないわけではない。例えば，契約本文中の他の条文に具体的に定めるのでも問題ない。その場合には，以下のようになる。

> The Seller shall submit to the Purchaser the payment document <u>specified in Sub-Clause 6.3 hereof</u>.
>
> 売主は，買主に対して，<u>本契約の第6条第3項に定められている</u>支払文書を提出しなければならない。

【Vocabulary チェック】

submit　〜を提出する／hereof＝of this Agreement　本契約の〜

　上の条文でわかるように，ここで重要な役割を担っているのは，「〜に定められている」という意味の specified in である。これと実質的に同じ意味としてよく使われる表現には，以下のようなものがある。

> provided in／described in／stated in／set forth in／stipulated in

ちなみに，上の条文中に出てきた「Attachment ＝添付資料」も，契約書の一部を構成するものとされていることが一般的である。添付資料を意味する表現は他にも以下に列挙するように複数あるので，ここで押さえておこう。

appendix／annex／exhibit／schedule

　では，上の payment document のように，明確にすべき文言の例をみてみよう。以下の条文については，どのような修正をするべきか。

The Purchaser shall pay the contract price to the Seller.
買主は，売主に契約金額を支払わなければならない。

　一見，何も問題がないように思えるかもしれない。しかし，contract price とは，一体いくらなのか。また，それはいつ支払われなければならないのか。さらには，contract price は一括払いなのか。それとも分割払いなのか。
　このように，様々な疑問が湧いてくる。このような場合には，もちろん，先ほど紹介した「～に定められている」という表現を用いることで詳述することも可能だが，ここでは，別の表現を使ってみよう。

The Purchaser shall pay <u>the Contract Price</u> to the Seller <u>in accordance with</u> the payment terms set forth in Appendix Y attached to this Agreement.
買主は，売主に対して，本契約に添付されている添付資料Yに定められている支払条件に従って，契約金額を支払わなければならない。

【Vocabulary チェック】
in accordance with　～に従って／terms　条件／set forth in　～に定められている／attach　～に添付する

まず，contract price を定義する。定義する場合，Contract Price のように英単語の最初の文字を大文字にする。そして，定義がまとめられている条文（第1条であることが多い）に "Contract Price" means……として「金額」を定める。

その上で，その金額がどのようなスケジュールで支払われるのかという支払条件を添付資料Ｙに定めることにする。set forth in は先ほど紹介した specified in と同じ意味の表現である。上の修正の中で特に注目していただきたいのは，in accordance with である。これは，後ろに名詞を置くことで，「〜に従って」という意味になる。つまり，この表現は，「拠って立つべき基準」を示すことができるのである。ここでは，in accordance with the payment terms とすることで，「支払条件に従って」となる。そして，添付資料Ｙに，契約金額の分割払いのスケジュール・方法などを詳述し，その記載のとおりに売主が支払をすることを明確にする。ちなみに，in accordance with と同じ意味の表現でよく使われるものには，pursuant to がある。このように修正することで，契約金額である Contract Price がいつのタイミングで，いくら支払われるのか，といったことが明確になる。

🐕 豆知識⑩　〜定義条項でしてしまいがちな誤り〜

　定義を定める際は，定義したい文言が複数形であっても，means と三人称単数現在の s がつく。これは，定義をする際は，the term "Contract Price" means……（契約金額という用語は，……という意味である）というのが本来の形であり，means の主語は常に the term という単数の単語であるためである（ちなみに，114頁の条文中に payment terms とあるが，ここの terms は「用語」という意味ではなく，「条件」という意味である）。

　また，定義条項は，契約当事者の義務を定めるものではないので，"Contract Price" shall mean……のように shall を用いる必要はない。

さらにもう1つ考えてみよう。次の条文にはどのような修正を加えるべきか。

> The Seller shall test the Product.
> 売主は，製品を試験しなければならない。

【Vocabulary チェック】

test　〜を試験する

　この条文では，売主が製品を試験しなければならないことはわかるが，その試験とはどのような内容で，それをいつどこで実施するのかがわからない。そこで，次のように修正する。

> The Seller shall test the Product <u>in accordance with</u> the Specifications.
> 売主は，仕様書に従って，製品を試験しなければならない。

【Vocabulary チェック】

in accordance with　〜に従って／specifications　仕様書

　specifications とは，「仕様書」という意味である。仕様書とは，主に技術的な事項が記載されている文書で，売買契約では添付資料の1つとして契約書の一部を構成するのが一般的である。この仕様書に，どのような試験を，いつ，どこで，いかなる手順で行うのかが明記される。

　さらに，次のように書いてもよい。

> The Seller shall test the Product <u>in accordance with</u> the procedures <u>provided in</u> the Specifications.
> 売主は，仕様書に定められている手続に従って，製品を試験しなければならない。

【Vocabulary チェック】

procedure　手続

　ここでは，「〜に定められている」という意味の provided in を用いて，the

procedures（手続）という名詞を詳しく説明する方法を採っている。「仕様書に従って試験をする」も「仕様書に定められている手続に従って試験をする」も実質的な意味に違いはない。

　このように，条文中にそれだけでは何をどうしたらよいのかわからない不明確な文言があった場合には，「〜に定められている」を意味する specified in や「〜に従って」を意味する in accordance with などの表現を使って追記することで明確にすることができるので修正の際にとても便利である。ぜひ，これらを使いこなせるように練習してみてほしい。

練習問題

　以下の日本語を英語にしよう。

---

① 　第9条第3項に定められている事項（事項＝ the matters，または items）

② 　仕様書に定められている基準

③ 　添付資料2に定められている金額

④ 　第10条第2項に定められている期間

⑤ 　検収証明書（the Certificate of Taking Over）に定められている日付

⑥ 　仕様書に定められている割合（レート）

●答え

（下線部分は 113 頁に示したどの表現を用いても可）

① 　the matters described in Clause 9.3（matters の代わりに items でも可）

② 　the criteria described in the Specifications（criteria の代わりに standards でも可）

③ 　the sum set forth in the Attachment 2（sum の代わりに amount または price でも可）

④ 　the period specified in Clause 10.2（period の代わりに time でも可）

⑤ 　the date specified in the Certificate of Taking Over

⑥ 　the rate stated in the Specifications

コラム⑥　〜複数の意味をもつ provide を整理しよう！〜

　英文契約書の中には，provide や provision という文言が頻繁に登場する。この provide や provision が少し厄介なのは，複数の意味をもっていることである。そこでここでは，provide や provision の意味を整理したい。

　まず，provide という動詞には，「〜を提供する」という意味がある。名詞である provision は「提供」となる。

　次に，provide には，「〜を定める」という意味もあり，特に provided in Article 3 などという形で使われる。「〜を定める」を名詞である provision にすると，「定め」とでもなるだろうか。「定め」とは，「条文」である。したがって，provision には「条文」の意味がある。

　さらに，「provided that 主語＋動詞」の形で使われることもよくある。これは，「ただし書」と呼ばれるもので，「ただし〜」などと訳される。ちなみに，however と一緒に，「however, provided that 主語＋動詞」，または「provided, however, that 主語＋動詞」という形で使われることもある。また，provided that の代わりに providing が使われ，

　「providing 主語＋動詞」として使用されることも，頻度はあまり高くないものの，ある。

　そして，「ただし書」は，proviso と書く。この文言それ自体が英文契約書で出てくることはほとんどないが，契約交渉の中で相手方がこの単語を発することはあるかもしれないので，覚えておいて損はない。発音は，「プロヴィソ」と読んでしまいがちだが，発音記号は（prəváizou）で「プロヴァイゾ」なので，注意しよう。

練習問題

　では，理解を定着させるために，以下を provide や provision に注意しながら和訳してみよう。

① the <u>provision</u> of the Confidential Information
② notwithstanding any <u>provision</u> in this Agreement,
③ The Licensor shall <u>provide</u> the Technical Information to the Licensee.

④ This Article <u>provides</u> that the Purchaser is required to pay the Contract Price to the Seller pursuant to the payment terms <u>provided</u> in Exhibit B hereof.

⑤ The Contractor shall <u>provide</u> to the Owner the documents <u>provided</u> in Appendix 2 hereof, <u>provided</u> that the Owner shall bear all costs incurred by the Contractor in connection with such <u>provision</u>.

●答え

① 秘密情報の<u>提供</u>

② 本契約中のいかなる<u>条文</u>にもかかわらず（notwithstanding ～にかかわらず）

③ ライセンサーはライセンシーに技術情報を<u>提供し</u>なければならない。

④ 本条は，買主が本契約の添付資料Ｂに<u>定められている</u>支払条件に従って売主に対して契約金額を支払うことが求められていると<u>定めている</u>。
（pursuant to ～に従って／exhibit 添付資料／hereof = of this Agreement 本契約の）

⑤ 請負者は，発注者に対して，本契約の添付資料２に<u>定められている</u>文書を提供しなければならない。<u>ただし</u>，発注者は，かかる<u>提供</u>に関して請負者が被るすべての費用を負担しなければならない。
（appendix 添付資料／bear ～を負担する／incur ～を被る／in connection with ～に関して）

パターン
15 「以下（下記）に」「上記に」

following

　パターン14では不明確な文言について，仕様書などの添付資料に詳細を記載するための表現を紹介したが，ここでは，添付資料ではなく，契約書内に詳細を記載するためによく使われる表現を身につけよう。それは，「以下に」というものである。例えば，Force Majeure，つまり，不可抗力条項を定める場合には，様々な不可抗力事由を列挙することになる。このとき，ダラダラと不可抗力に該当する事象を並べてもよいが，次のように(a)～(e)と箇条書きに列挙した上で，それらを指し示す文言として，「the following ＝以下のもの」を使うと読みやすい形となる。

"Force Majeure" means any event or circumstance (i) that is beyond the control of the Party claiming force Majeure, (ii) that such Party could not reasonably have foreseen at the time of the execution of the Contract, and (iii) that, having arisen, such Party could not reasonable have avoided.

To the extent the above conditions are satisfied, Force Majeure includes, but not limited to the following;

(a) war, rebellion, revolution, blockade, embargo, terrorist;

(b) labor strikes, lockouts;

(c) radioactive contamination;

(d) earthquake, tsunami, hurricane, tornado, lighting, volcanic eruption, landslide, plague, epidemic, pandemic;

(e) storm, floods or rain provided that each of the foregoing is of a magnitude which has not occurred within the past 10 years.

(f) government order (including in connection with any health and safety or other event); or

(g) any event or circumstances analogous to the aforesaid.

本条において「不可抗力」とは(i)不可抗力事由に当たるとのクレームをする当事者のコントロールを越え，(ii)その当事者が契約締結時に合理的に予見できなかったものであり，かつ，(iii)生じた場合には，その当事者が合理的に避けることができなかった事象または状況を意味する。上記条件が満たされる限り，不可抗力は以下を含むがそれに限られない。

(a) 戦争，反乱，革命，封鎖，出港禁止，テロリスト

(b) ストライキ，ロックアウト

(c) 放射能汚染

(d) 地震，津波，ハリケーン，竜巻，稲妻，火山噴火，地滑り，疫病，特定地域または世界的な伝染病の発生，および

(e) 嵐，洪水，または雨，ただし，これらは過去10年以内に生じていないほどの激しさのものに限る

(f) 政府命令（健康および安全またはその他の事象に関するものを含む），または

(g) 上記に類似した事象または状況

【Vocabulary チェック】

circumstance　状況／foresee　～を予見する／execution　契約締結／avoid～を避ける／extent　範囲，程度／satisfy　～を満たす／include, but not limited to　～を含むがそれに限られない／provided that　ただし／the foregoing　上記の／magnitude　重大さ／occur　起こる，生じる

　上の条文中では，following は名詞として用いた。名詞として使う場合は，the following と the を付けて「下記のもの」や「次に述べること」という意味となる。また，following は名詞の他に，形容詞，さらには前置詞として使われる。形容詞として用いられるときは，the following ＋名詞となる。上の条文のように Force Majeure に該当する事象を列挙する場面においては，the following としてもよいし，the following event（下記の出来事）と書くことも

できる。例えば，「情報」を列挙する場合には，「the following <u>information</u> = 以下の情報」，「不適合」を列挙する場合には，「the following <u>defect</u> = 以下の不適合」などとしてもよい。

	following を形容詞として使用	following を名詞として使用
以下の事象	the following event (s)	
以下の情報	the following information	the following
以下の不適合	the following defect (s)	

　さらに，少し変わった使い方として，複数の列挙事項を，「列挙した順番」に実施する義務を相手に課したいときは，次のような書き方がある。

The Contractor shall test the Product <u>in the following sequence</u>:

(a)　AAA;

(b)　BBB;

(c)　CCC; and

(d)　DDD.

請負者は，以下に列挙されている順番に製品を試験しなければならない。

※注意　(a)～(d)には試験の内容が記載されているものとする。

---

　in sequence で「順番どおりに」という意味で，さらに，in ＋ 形容詞 ＋ sequence で「～の順番に」となる。例えば，in alphabetical sequence で「アルファベット順に」，in chronological sequence で「時間順」に，そして上記の in the following sequence で「以下に並べられている順番に」となる。

　では，単に下に複数の事項を列挙するにとどまらず，「列挙した事項のうち，どれか１つにでも当てはまる場合には一定の効果が生じること」を定めたい場合には，following を用いてどのように書くことができるだろうか。次の和文の下線部分を英語にして空欄部分を埋めてみよう。

以下の事象のうちいずれか１つが生じる場合には，買主は売主に対して書面の
通知を発行することで，直ちに本契約を解除することができる。

The Purchaser may terminate this Agreement by giving written notice
to the Seller with immediately effect [   ] :

(a)　AAA;

(b)　BBB;

(c)　CCC; or

(d)　DDD.

【Vocabulary チェック】

terminate　～を解除する／immediately　ただちに，すぐに／effect　効果

●答え

if any of the following events occur

　なお，any は通常単数扱いだが，上のように any of <u>the following events</u> と
複数形の名詞が後ろにくる場合には，それに引っ張られて複数扱いとなり，動
詞は三人称単数とはされないことが多い。

前置詞としての following

　次の和文を英訳してみよう。

Following the termination under Sub-Clause 22.1 hereof, the Purchaser
shall pay to the Seller the <u>following</u> amount:

(a)　AAA;

(b)　BBB; and

(c)　CCC.

　the <u>following</u> amount の following は形容詞として使われていて，「以下の金

額」という意味である。では，文頭の Following the termination は「以下の解除」かというと，そうではない。この following は前置詞で，意味は，after と同じく，「〜の後」である。よって，答えは次のようになる。

「本契約の第 22 条第 1 項に基づく契約解除の<u>後</u>，買主は売主に<u>以下の</u>金額を支払わなければならない。」

同じく前置詞として用いられる following の例文をもう 1 つみてみよう。

> The Purchaser shall pay advance payment to the Seller within thirty (30) days <u>following</u> the execution of this Contract.
> 買主は，本契約締結<u>後</u> 30 日以内に，売主に対して前払金を支払わなければならない。

as follows:

ちなみに，「次のように」という副詞的な意味を表す際は，「as follows:」がよく使われる。ここで使われる follow は動詞だが，主語の数・時制とは無関係に follow<u>s</u> と常に s が付くことと，通常，follows の後に「：」（コロン）を置き，その後に物事を列挙する形になる点に注意しよう。以下，例文を示す。まずは，契約の頭書の最後に定められるものである。

> NOW, THEREFORE, in consideration of the premises and mutual covenants set forth herein, the parties hereto agree <u>as follows</u>:
> よってここに，本契約に定める前提および相互の誓約を約因として，両当事者は<u>以下のとおり</u>合意する。

【Vocabulary チェック】
consideration　約因／the premises　前提，頭書／mutual　相互の／covenant

誓約／herein＝in this Agreement 本契約に／the parties hereto＝the parties to this Agreement 本契約における当事者

次は，契約金額に関する定めである。

The contract price for the implementation of the Contractor is composed of a portion in Japanese Yen and a portion in American Dollars, <u>as follows</u>:
(i) JPY [   ] plus
(ii) USD [   ]
(collectively, the "Contract Price").
請負者の履行の対価としての契約金額は，<u>以下のように</u>，日本円部分と米ドル部分とからなる。
(i) [   ] 円
(ii) [   ] 米ドル

【Vocabulary チェック】

implementation 実施，履行／A is composed of B AはBからなる／collectively あわせて

foregoing

一方，「下記の」「以下に」とは逆に「上記の」という表現には，foregoing がある。この foregoing も，following と同じように，形容詞として the foregoing ＋名詞（「上記の〜」）となる場合と，名詞として the foregoing（「上記のこと」）として使う場合がある。

【following と foregoing の整理】

	following	foregoing
形容詞として	the following matters	the foregoing matters
名詞として	the following	the foregoing

below と above

　ここで，following や foregoing と同様に，「下記の」や「上記の」を意味する表現として契約書でよく使われるものとして，below と above がある。これらは使い方について混乱しがちなので，ここで整理しておく。

　まず，below は副詞としてよく使われる。場所を表す副詞は，「文の後ろ」に置かれるのが通常なので，次のように使われる。

> the damage described in Sub-Clause 5.4 <u>below</u>
> 以下の第5条第4項に定められている損害

　ここで，below が副詞だとすると，上の例文で名詞である Sub-clause 5.4 を修飾するのはおかしいと思う人もいるかもしれない。副詞は名詞以外を修飾するはずだからである。実は，ここでは，in Sub-Clause 5.4（第5条第4項に）がひとまとめで副詞として扱われる。よって，below は，副詞である in Sub-Clause 5.4 を修飾すると捉えることになる。

　ここで，in Sub-Clause 5.4 も below も「場所」を表す副詞だが，このように場所を表す副詞が連続する場合には，「狭いほう」→「広いほう」の順番で置かれるのが通常である。これは，次のような英文をみるとわかりやすい。

> He met her <u>at the park</u> <u>in his town</u>.
> 彼は，彼女に，彼の街にある公園で会った。

　この英文では，at the park と in his town がそれぞれ「場所」を表す副詞で，「狭いほう（公園）」→「広いほう（街）」の順番に並んでいる。英文契約書内の条文でも，これと同じように考えればよい。つまり，「第5条第4項」という場所は，「以下」が示すエリアよりもはるかに狭い場所だから，in Sub-Clause 5.4 below という語順となるのである。

below を使った表現の例としては，他に次のようなものもある。

---

except as stated <u>below</u>
以下に定められているもの（場合）を除いて

これは，below が stated を修飾している。

---

notice as described <u>below</u>
以下に定められている通知

これは，below が described を修飾している。

次に，below の反対の意味を表す above をみていこう。

まず，above も below と同様に，次のように副詞としてよく使われる。

---

the risk listed in Sub-Clause 12.3 <u>above</u>
上記第 12 条第 3 項に列挙されているリスク

ここで in Sub-Clause 12.3 という副詞の後に above が続くのは，below の場合と同じ理由で，「狭いほう（第 12 条第 3 項という場所）」→「広いほう（上のほう）」と並べられるからである。

また，above は，below と異なり，形容詞としても使われる。

---

in accordance with the <u>above</u> procedure
上記の手続に従って

さらには，名詞として the above（上記のこと）としても使われる。

【below と above の整理】

	below	above
副詞として	the damage described in Sub-Clause 5.2 <u>below</u>	the damage described in Sub-Clause 5.2 <u>above</u>
形容詞として	なし	the <u>above</u> procedure
名詞として	なし	the <u>above</u>

「上記の」を表す表現としては，他にも次のようなものがある。

> the abovementioned ＋名詞
> the aforementioned ＋名詞
> the aforesaid ＋名詞

　たくさんありすぎて混乱してしまいそうだが，自分で書く際にどれを使うか決めておけば，他は読んで理解できればよい，という程度でよい。例えば，「下」を表す際には，following か below を，上を表す際には foregoing か above を使うなどと決めておけばよいだろう。

　ここで紹介した「下記の」「上記の」という表現は，直前または直後の事項を指す場合に限定して用いるほうがよい。それ以外の場合で用いると，読み手にとって，「下記ってどこを指しているの？」「上記とはどこ？」となってしまい，結果的に解釈に争いを生じさせる原因となり得る。

練習問題 1

以下の和文を英文にせよ。

> ①　上記の秘密保持義務は，下記の情報には適用されない。
> ②　上記の保証は，以下に列挙されている不適合には適用されない。

●答え

> The foregoing confidential obligation does not apply to the following information:
>
> (a) ···
>
> (b) ···

> The above warranty does not apply to the defects as listed below:
>
> (a) ···
>
> (b) ···

練習問題2

以下の英文中の日本語部分を英語にした上で，和訳せよ。

> ① The Contractor shall test the Product in the following ［順番］:
>
> ② ［あとで（after 以外で）］ discussions between the Parties
>
> ③ risks listed in Sub-Clause 5.3 ［以下の］
>
> ④ ［〜を除いて］ as provided below
>
> ⑤ if any of the conditions as described in Sub-Clause 10.2 ［上記の］ are satisfied
>
> ⑥ ［〜に従って］ the procedures as provided below

●答え

① sequence　請負者は，以下に列挙されている順番でその製品を試験しなければならない。

② following　当事者間の協議の後

③ below　以下の第5条第3項に列挙されているリスク

④ except　以下に定められている場合を除いて

⑤ above　上記第10条第2項に定められている条件のいずれかが満たされる場合には

⑥ in accordance with/pursuant to　以下に定められている手続に従って

パターン 16 通知に書く内容を具体的に示す方法

　契約においては，一方の契約当事者が，相手方当事者に対してある通知を発行しなければならないと定められていることがある。例えば，次のような条文が定められている場合，どこか修正すべき点はあるだろうか。

If the Purchaser finds any Defect in the Product during the Warranty Period, the Purchaser shall give written notice to the Seller within five (5) days after the Purchaser finds it.

買主が保証期間内に製品の不適合を発見した場合，買主はその後5日以内に売主に書面の通知を発行しなければならない。

【Vocabulary チェック】

defect　不適合／warranty period　保証期間，契約不適合責任期間

　答えは，上の条文では，買主が売主に対して，何を記載して通知を発行する必要があるのかがわからない，ということが問題である。おそらく，文脈から，「不適合があったこと」についてだとは思われるが，それだけが記載されている通知を買主から受け取っただけで，売主は速やかに対応できるだろうか。不適合を修理・交換するにしても，どのような不適合であったのかがわからなければ，そのための準備もできないはずである。よって，売主としては，単に「不適合がありました」ということだけでなく，「どのような不適合なのか」も知らせてもらいたいはずである。では，それらを記載するには，どのような表現を用いればよいだろうか。

　シンプルな方法としては，下のような条文を加えることである。

The notice shall state the nature of the Defect in the Product.

その通知は，製品の不適合の性格（どのような不適合なのか）を記載しなければならない。

【Vocabulary チェック】
nature　性格，性質

　state は，「〜を記載する」という意味で，主語には人だけでなく，物や書類などをもってくることもできる。state の代わりに，describe などとすることもできる。
　上で示した例では，新たな条文を作ることになるが，state や describe を用いて，次のように元の条文に少し加える方法もある。

The Purchaser shall give written notice to the Seller <u>stating the nature of the Defect in the Product</u>.
買主は，売主に対して，製品の不適合の性格を記載した書面の通知を発行しなければならない。

　ここでは，state／describe を現在分詞である stating／describing の形にすることで，それ以下の部分を notice に修飾させる。
　では，以下の条文の場合には，何を加えるべきか。

If any event of the Force Majeure occurs, the Contractor shall issue written notice to the Owner no later than fourteen (14) days after the Contractor should have become aware of such occurrence.
不可抗力事由が生じた場合，請負者は，発注者に対して，請負者がかかる事象発生に気づくべきであった日から 14 日以内に書面の通知を発行しなければならない。

【Vocabulary チェック】

occur 起こる，生じる／issue ～を発行する，提出する／no later than ～以内／
occurrence 発生

　これは，不可抗力事由が生じた場合に，発注者への書面の通知を発行することを請負者に対して義務づける条文である。この場合，発注者としては，①どのような不可抗力事由が生じたのか（ハリケーン？　大地震？　大洪水？　など），②請負者のいかなる義務が不可抗力事由によって影響を受けるのかについて最低限知りたいと考えるはずである。そこで，次のように修正する。

If any event of the Force Majeure occurs, the Contractor shall issue to the Owner written notice <u>stating (i) the event constituting the Force Majeure and (ii) the obligation that will be prevented</u> no later than fourteen (14) days after the Contractor should have become aware of such occurrence.

不可抗力事由が生じた場合，請負者は，発注者に対して，請負者がかかる事象発生に気づくべきであった日から14日以内に<u>(i)不可抗力事由に該当する事象，および(ii)妨げられることになる義務を記載した</u>書面の通知を発行しなければならない。

【Vocabulary チェック】

constitute ～を構成する／prevent ～を妨げる

　ここで紹介した通知に記載すべき事項を定める方法は，合弁契約における株式譲渡に関する条文を定めたり修正したりするときにも役に立つ。練習として，以下の日本語を英語にしてみよう。

<u>練習問題</u>

　A社は，B社に対し，

(ⅰ) 譲渡候補者（the proposed transferee）の氏名および住所，

(ⅱ) 譲渡される持分の数（〜を譲渡する＝ transfer），

(ⅲ) １株当たりの金額，および

(ⅳ) 譲渡のその他の条件（譲渡＝ transfer）

を記した書面の通知を提供しなければならない。

●答え

Company A shall deliver to Company B written notice <u>stating</u> (ⅰ) the name and address of the proposed transferee, (ⅱ) the number of shares to be transferred, (ⅲ) the price per share, and (ⅳ) the other terms of such transfer.

「相手方当事者に〜を知らせる」の別の書き方

なお，以上は「notice」と定められている場合に，その文言を活かす形での修正方法を紹介した。一方，notice という文言を活かさなければならないわけではないのであれば，「〜に…を知らせる」という表現として，次のようなものも使える。

> 主語＋ notify ＋相手方＋ of ＋知らせたい事項＋ in writing.

例えば，次のようになる。

> If any event of the Force Majeure occurs, the Contractor shall <u>notify</u> the Owner <u>of</u> (ⅰ) the event constituting the Force Majeure and (ⅱ) the obligation that will be prevented <u>in writing</u> no later than fourteen (14) days after the Contractor should have become aware of such occurrence.

以上を整理すると，相手に何かを知らせる際に，その知らせる内容を具体的に定める方法には，次のようなものがある。修正する契約書の文言を活かす形にするかどうかなどを考慮した上でうまく使えるようにしよう。

---

① The notice shall state（または，describe など）〜
② 契約当事者 shall give written notice to 相手方当事者 ＋ stating（または describing など）〜
③ 契約当事者 shall notify A of B ＋ in writing

相手方当事者にある行為を行うように求める通知の書き方

ここまでは，「通知に記載する内容を定める方法」の話であった。これとあわせて押さえておきたいのが，「通知を発行することで，相手に何かをするように求める方法」である。これは，「〜を要求する」という意味を表す require を用いて，次のように書くことができる。

---

written notice <u>requiring</u> that 相手方当事者＋動詞
written notice <u>requiring</u> 相手方当事者 to do

以下，例文を示す。

The Purchaser shall give written notice to the Seller (i) <u>stating</u> the nature of the Defect in the Product and (ii) <u>requiring</u> the Seller to repair, replace, or make good the Defect.
買主は，売主に対して，(i)製品の不適合の性格を<u>記載し</u>，また，(ii)その不適合を修理または交換すること<u>を求める</u>書面の通知を発行しなければならない。

上の例文では，written notice を stating ……以下と requiring ……以下の2つが修飾している。読み手がその点をすぐに理解できるように，（i）および（ii）と番号をつけた。

 豆知識⑪　〜require の整理〜

require は，これまでいくつか出てきた表現なので，整理しておこう。

まず，be required to do は shall と同じく契約当事者の義務を表す際に使われる（2頁参照）。

The Purchaser is required to pay the Contract Price to the Seller.
買主は，売主に対して，契約金額を支払うように求められている（支払う義務がある）。

また，名詞形である requirement は「要求事項」という意味もある。

The Seller shall satisfy the requirement provided in Sub-Clause 6.2.
売主は，第6条第2項に定められている要求事項を満たさなければならない。

そして，今紹介した，相手に何かをするように求める通知を出す際に require A to do の形でも使える。

練習問題

以下の①と②の日本語を英語にしてください。

If any of the following events occur, the Purchaser may give written notice to the Seller [①　〜を記載している] the nature of the default and [②　〜に……を求める] the Seller to remedy the same.

以下の事象のいずれか1つが生じたら，買主は売主に対して，その違反の性格を記載し，かつ，売主にその違反を治癒するように求める書面の通知を発行することができる。

●答え

① stating/describing/specifying など　② requiring

パターン 17　the や such などの指示語よりも明確に指し示す方法

次の例文の下線が付いた notice は，何を指しているだろうか。

If any event of the Force Majeure occurs, the Contractor must issue written notice to the Owner no later than fourteen (14) days after the Contractor should have become aware of such occurrence. The <u>notice</u> shall state (i) the event of the Force Majeure and (ii) the obligation that will be prevented.

不可抗力事由が生じた場合，請負者は，請負者がかかる事象が発生したことに気づくべきであった日から 14 日以内に，発注者に対して，書面の通知を発行しなければならない。その通知には，(i)不可抗力事由および(ii)妨げられることになる義務を記載しなければならない。

【Vocabulary チェック】

occur　～を起こる，生じる／issue　～を発行する／no later than　～以内／become aware of　～に気がつく／occurrence　発生／state　～を記す，記載する／prevent　～を妨げる

　2 行目の written notice を指しているとわかった人は多いのではないだろうか。では，「なぜ」そうだと思えたのか。それはおそらく，notice の前に「the」がついているからだろう。つまり，「the はすでに登場している何かを指しているはず。前の条文の中でそれらしいのは written notice しかない！」と考えたのだろうと思う。英文契約書では，この the と同じように，例えば，said や such などが指示語として用いられることがある。

　ここで，said を使うときは，通常，「the said ＋名詞」の形で使われる。said 自身が，「述べられている」という意味だから，その前にさらに the が付

くのは違和感があるが，そのように使われている。この「the said ＋名詞」は，単に「the ＋名詞」としても意味は同じなので，自分で書く際に the said を無理して使おうとする必要はない。

「such ＋名詞」も，理論的には，such を使う必要はなく，the で足りるが，such のほうが，the よりも，「前に登場した文言を意味しています」という点がより明確になるような気がする人もいるのではないだろうか。実際，英文契約では such ＋名詞はよく使われている。このあたりは，もはや好みの問題といってよいだろう。

では，例えば，「指示語で特定したい文言がいくつかの条項を挟んでいた場合」には，どうしたらよいか。例えば，下のような条文において，15.1 の中の written notice を 15.5 で指し示したい場合である。

15.1 If any event of the Force Majeure occurs, the Contractor shall issue <u>written notice</u> to the Owner no later than fourteen (14) days after the Contractor should have become aware of such occurrence.

15.2 The Contractor shall ……

15.3 The Owner may ……

15.4 The Parties shall ……

15.5 The <u>notice</u> shall state (ⅰ) the event of the Force Majeure and (ⅱ) the obligation that will be prevented.

このような場合に，15.5 に the notice や such notice，さらには，the said notice などと書いても，読み手にとっては，「どれを示しているのかわからない」となる。日常で行われる会話の中でも，「<u>さっきいったこと</u>についてよく考えてみたんだけど，やっぱり……」とある程度時間が経過した後でいわれると，聞き手は「さっきって，いつ？　何の話？」となりがちである。これは契約書でも起こり得る。そこで，このような場合には，「条文番号で示す」という方法が有効である。例えば，次のように書く。

> The notice underline{specified in} Sub-Clause 15.1 shall state …….
>
> 第 15 条第 1 項に定められている通知は，〜を記載しなければならない

　こう書けば，どれを指しているのか迷わせない。このように，the，such，said などでは明確に特定しきれない場合には，「第何条に定められているのか」，または，「第何条に基づいて発行されるものなのか」といった点を示すことが効果的なので，ぜひ，使いこなせるようになろう。ちなみに，この specified in はパターン14で紹介した「〜に定められている」という表現である。よって，specified in 以外にも，provided in や set forth in などもここで使うことができる。

豆知識⑫　〜notice に関連する表現の整理〜

　notice に関連する表現をここで押さえておこう。

　まず，written notice と似て非なるものとして，written approval がある。notice は，「単に相手に知らせるだけのもの」である。一方，approval は，「相手に対して許可すること」である。例えば，次の例文のように，秘密保持契約では，情報を受領する当事者は，情報を開示する当事者の事前の書面による同意を得ない限り，開示された秘密情報を第三者にみせてはいけない，ということが定められることがよくある。

> The Receiving Party shall not disclose the Confidential Information to any third party without the Disclosing Party's prior written approval.
>
> 受領当事者は，開示当事者の事前の書面による同意なくして，秘密情報をいかなる第三者に対しても開示してはならない。

【Vocabulary チェック】
disclose　〜を開示する

次に、「通知を受領する」という場合に使われる「〜を受領する」には、receive を使う。これを現在分詞の receiving の形で Receiving Party とすると、秘密保持契約でお馴染みの「受領当事者」となる。

また、「（通知）を発行する」は以下のような単語がよく使われる。

give／issue／submit／provide

 コラム⑦　〜人に教えることの価値〜

　企業は、組織なのだから、Ａさんがいなくなっても、代わりとなるＢさんやＣさんがいてもよさそうだが、実際は、Ａさんが転職したり、退職したりすると、代わりとなる人がおらず、混乱が起こることがある。これは、せっかくの能力を他の人に伝えることができていないことを意味する。強い組織とは、本来、そうであってはいけないのではないだろうか。もしも、「自分の能力は自分だけの昇進のための武器であり、他の人に分け与えたくない」と考える人が大勢いたら、その組織は時を重ねるたびに衰退していくことにならないか。

　ある人が抜群にできる人だったとしても、その人がいなくなった瞬間から、その影響は組織から消える。しかし、人を育てられる人の影響は、世代から世代へ受け継がれていく。たとえば、幕末の長州藩に吉田松陰がいる。彼自身は、討幕の８年も前に幕府によって斬首されたため、討幕には直接的な影響をまるで与えていない。しかし、「明治維新と言えば長州藩・松下村塾」といわれるのは、後に活躍する人を、生前に育てたからではないだろうか。

　この本の読者は、今は教えられる立場にある方々がほとんどだろう。しかし、すぐに教えなければならない立場になる。そのときにうまく指導できるのは、自分ができなかった頃のことを具体的に思い出せる人である。よって、今から、「自分がどんな点で悩んだか」「何で苦労したか」そして、「どのように教えてもらえたらもっと早く成長できたと思うか」などを意識し、それらを記録しておいたらよいと思う。

パターン
18 主観的な基準を客観的な基準に変える方法

次の例文をみて，修正すべき点を考えてみよう。

If Defect is found during the Warranty Period, the Seller shall repair, replace, or make good the Defect at the Seller's cost to the Purchaser's satisfaction.

保証期間中に不適合が発見された場合には，売主はその不適合を，売主の費用で買主の満足のいくまで無償で修理・交換しなければならない。

【Vocabulary チェック】

defect　不適合／at one's cost　〜の費用負担で／satisfaction　満足

　この条文は，売買契約における売主の契約不適合責任について定めるものである。保証期間中に不適合が発見されれば，売主はそれを修理・交換する責任がある。問題は，どこまで修理・交換しなければならないかである。この条文において売主にとって好ましくないのは，to the Purchaser's satisfaction の部分である。これは，「買主が満足するまで」という意味である。本来，売主は，あくまで仕様に合致するように修理・交換すればよいはずである。「買主が満足するかどうか」は問題ではない。また，「買主の満足」というのは，買主の主観的な考えを基準としているので，売主がどこまで直さなければならないのかよくわからない。最悪，契約締結時には求められていないレベルまで売主が作業を行わなければならないことになりかねない。よって，売主としては，客観的な基準を設けるようにするべきである。

　ここで，客観的な基準とする際によく使われるのが，「合理的な」という意味の reasonable である。これを使って to the Purchaser's reasonable satisfaction とする方法もあるが，これは「ないよりもあったほうがよい」と

いう程度の改善にすぎない。というのも、「合理的とは何か？」という点でまだ曖昧さが残ってしまうためである。そこで、次のような修正が考えられる。

If Defect is found during the Warranty Period, the Seller shall repair, replace, or make good the Defect at the Seller's cost ~~to the Purchaser's satisfaction~~ to satisfy the requirement specified in the Specifications.

【Vocabulary チェック】
requirement　要求／specified in　〜に定められている／specifications　仕様書

つまり、仕様書の要求に合致するように修理する責任があると明記する。
ここで、「〜を満たす」という意味の表現としては、次のようなものがある。

satisfy／meet／achieve／attain

また、次のような表現も使われる。

conform to　〜に合致する／comply with　〜に従う

　上では、単に「仕様書に定められている要求を満たすために」と定めているが、仕様書中の記載は実に多彩なので、具体的にどの部分を満たせばよいのかを明確にするために、次のように書くこともできる。

If Defect is found during the Warranty Period, the Seller shall repair, replace, or make good the Defect at the Seller's cost ~~to the Purchaser's satisfaction~~ to satisfy the requirement specified in Section 3.2 of the Specifications.

保証期間中に不適合が発見された場合には，売主は<u>仕様書の第３条第２項に定められている要求を満たすように</u>，かかる不適合を無償で修理・交換しなければならない。

パンチリスト

　請負契約におけるパンチリストについても注文者の主観を基準とされることがよくある。パンチリストとは，仕様に合致していないが，請負契約の仕事の対象物の使用について実質的な影響がない事項をまとめたものをいう。そのような事項については，仕様を満たしていなくても検収される。ただ，検収後一定期間内にはそのパンチリストに列挙されている項目も完成させなければならないと定められることが多い。つまり，結局パンチリストも，仕様に合致すればよいものなのである。しかし，どういうわけか，このパンチリストについて，以下のように「注文者の満足のいくように」という基準が定められることがある。

The Contractor shall complete all matters listed in the Punch List at the Contractor's cost <u>to the satisfaction of the Owner</u>.
請負者は，<u>発注者の満足のいくまで</u>，パンチリストに掲載されているすべての事項を無償で完成させなければならない。

【Vocabulary チェック】
complete　〜を完成する／matter　事項／listed in　〜に列挙されている／at one's cost　〜の費用負担で

　よって，このような場合も，次のように修正する必要がある。

The Contractor shall complete all matters listed in the Punch List at the Contractor's cost <u>to meet the requirement set forth in the Specifications.</u> ~~to the satisfaction of the Owner.~~

請負者は，<u>仕様書に定められている要求を満たすように，</u>パンチリストに定められているすべての事項を無償で完成させなければならない。

Fit for purpose

さらに，請負契約では，次のような条文もよくみられる。

The Contractor shall design and complete the Product in accordance with this Contract. The Product shall <u>be fit for the Owner's purpose</u>.

請負者は製品を本契約に従って設計し，完成させなければならない。製品は<u>発注者の目的に合致</u>していなければならない。

【Vocabulary チェック】

in accordance with 　～に従って

the Owner's purpose という文言も，極めて主観的な基準といえるので，2文目を完全に削除するか，または，次のように修正しよう。

The Contractor shall design and complete the Product in accordance with this Contract. The Product shall be ~~fit for the Owner's purpose~~ <u>in accordance with the Specifications</u>.

請負者は製品を本契約に従って設計し，完成させなければならない。製品は<u>仕様書に従って</u>いなければならない。

もっとも，海外向け建設契約や，比較的規模の大きな機器を設計・製造する

契約では，発注者は上の例文のような「目的への合致」を求めてくることがよくある。そして，「purpose への合致についての記載を削除することは認められない」と発注者が強く主張してくることも考えられる。そこで，請負者としては，なるべく客観的な基準に修正するために，次のような代替案が考えられる。

The Contractor shall design and complete the Product in accordance with this Contract. The Product shall be fit for the Owner's purpose <u>specified in Sub-Clause 8.3 of the Specifications</u>.
請負者は製品を本契約に従って設計し，完成させなければならない。製品は<u>仕様書の第８条第３項に定められている発注者の目的に合致していなければならない</u>。

発注者の目的に合致しなければならないという点は残しつつも，その目的を仕様書に明記し，それに合致するものを作る，という形にする。こうすることで，その時その時の発注者の気まぐれで揺れ動く不安定な「目的」に合致させなければならないということは避けられる。もちろん，請負者としては，なるべく客観的な目的を仕様書に定めることが重要になる。このとき，製品の仕様・用途が不明確・広範にならないように注意しよう。

設計承認

また，請負契約の場合には，請負者が設計→製造と仕事を進めていくが，設計段階から製造段階に移行するためには，請負者は設計図面を発注者に提出し，発注者の承認を得なければならないと定められていることがある。その際に，やはり，次のように発注者の主観が基準とされていることがある。

The Contractor shall provide the design documents to the Owner to obtain the Owner's approval. If the Owner gives comments to the Contractor with respect to the design documents, the Contractor shall revise them <u>to the Owner's satisfaction</u> at the Contractor's cost.

請負者は，発注者の承認を得るために，発注者に対して，設計図書を提供しなければならない。もしも発注者がその設計図書に関してコメントを請負者に提供する場合には，請負者は<u>発注者の満足のいくように</u>設計図書を請負者の費用で改訂しなければならない。

【Vocabulary チェック】
provide　～を提供する／obtain　～を得る／approval　承認／with respect to　～に関して／revise　～を改訂する

　一見，発注者のコメントを設計図書に反映させる必要があるので，ここは「発注者の満足のいくように」でもよさそうに思えるかもしれないが，そうではない。契約締結時にすでに仕様について合意しているので，そもそも発注者のコメントは，仕様に合致していない事項の改善に限られるべきである。そして，請負者は仕様に合致するように改善する義務が生じるだけとするべきである。よって，上の条文は次のように修正するべきである。

The Contractor shall provide the design documents to the Owner to obtain the Owner's approval. <u>If the design document fails to comply with this Contract, the Owner may give written notice to the Contractor requiring the Contractor to rectify it. The Contractor shall rectify it to satisfy the requirement of the Specifications at the Contractor's cost.</u>

請負者は，発注者の承認を得るために，発注者に対して，設計図書を提供しなければならない。<u>もしも設計図書が本契約に合致していない場合には，発注者は請負者にそれを改善するように求める通知を発行することができる。請負者は仕様書の要求を満たすようにそれを請負者の費用で改訂しなければならない。</u>

【Vocabulary チェック】

comply with　〜を遵守する／require A to do　Aに〜するように求める／rectify
〜を修正する／satisfy　〜を満たす／requirement　要求／specifications　仕様
書

🐕 豆知識⑬　〜仕様書の役割と注意点〜

　仕様書（specifications）とは，主に技術に関する事項を記載した文書である。
例えば，製品が満たしていなければならない性能や機能，試験の方法，品質管
理体制をどのように整えるか，などが定められている。これは，契約書本文と
は別に，添付資料として作成されるのが通常である。もっとも，仕様書は，あ
くまで契約書の一部なので，契約書本文と同様に法的拘束力がある。もしも契
約書本文と仕様書中の記載に矛盾があった場合にどちらを優先させるべきかに
ついては，契約書に定められているのが通常である。

　仕様書が契約書の一部であることからもわかるように，契約締結時までに仕
様書の内容についてお互いに合意するべきである。売主や請負人は，仕様書に
従って契約上の義務を遂行する。もしも契約締結後に買主が仕様書の記載と異
なることをするように売主に対して要求する場合，それは納期延長や追加費用
の支払の対象となる。売主は契約締結時点の仕様書に基づいて見積りをし，契
約金額に合意しているからである。

　また，製品が検収されるか否かは仕様書の要求（requirement）を製品が満た
しているかどうかによる。満たしていない場合には，満たすまで売主・請負人
が製品を修理・交換し，再び試験を行う。

　検収後，保証期間中に不適合が発見されたら，売主・請負人は無償でその不
適合を修理・交換しなければならない。この不適合とは，「仕様書との不一致」
である。つまり，仕様書とは，売主が検収してもらうために何を満たさなけれ
ばならないのか，そして検収後は，売主の保証責任の基準となるのである。よっ
て，特に売主・請負人としては，仕様書の記載は明確になるように注意しよう。
曖昧だと，買主・発注者から，あれもこれも仕様の範囲内だとして売主・請負
人が契約締結時に想定していなかった仕事を無償でやらされる原因になる。

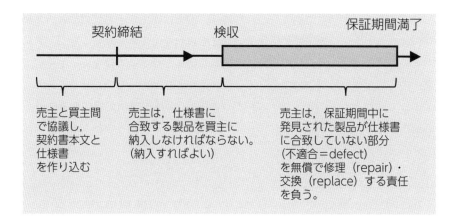

契約締結　　　　検収　　　　　　保証期間満了

売主と買主間
で協議し，
契約書本文と
仕様書
を作り込む

売主は，仕様書に
合致する製品を買主に
納入しなければならない。
（納入すればよい）

売主は，保証期間中に
発見された製品が仕様書
に合致していない部分
（不適合＝defect）
を無償で修理（repair）・
交換（replace）する責任
を負う。

　ちなみに，契約当事者の主観を基準とする表現としては，上で取り上げた to one's satisfaction や one's purpose の他に，in one's（sole）discretion（〜の自由裁量で，〜の判断で）というものもある。例えば，次のように使われる。

The Product shall meet such criteria as determined by the Purchaser <u>in the Purchaser's sole discretion</u>.
製品は，買主の裁量で決められた基準を満たさなければならない。

【Vocabulary チェック】
criteria　基準／determine　〜を決める

　この場合も，買主が独自の裁量で決定する基準などというものを許容するべきではない。これまでに述べたように，契約締結時までに基準について当事者間で合意し，仕様書などに明記し，それを満たせばよい，というようにしよう。

「気づいたとき」と「気づくべきだったとき」

　Force Majeure，つまり，不可抗力事由が生じた場合，それによって義務の遂行が妨げられた契約当事者は，契約上，その分納期を延長してもらえる扱い

となっているのが通常である。これにより、例えば売主が不可抗力によって納期に遅れるときは、売主は納期遅延の責任を負わなくてよくなる。ただ、単に不可抗力事由が生じただけで自動的に納期が延長されるのではなく、不可抗力事由の発生について買主に知らせることが条件とされているのが通常である。

　ここで問題となるのが、「いつまでに相手に不可抗力事由の発生を知らせる必要があるのか」である。これについて、例えば、次のような条文が定められていたとする。

The affected Party shall notify the other Party of the occurrence of the event of Force Majeure <u>no later than 14 days after the occurrence of the event of Force Majeure</u>.

（不可抗力による）影響を受けた当事者は、<u>不可抗力事由の発生後14日以内に</u>不可抗力事由が発生したことを相手方当事者に知らせなければならない。

【Vocabulary チェック】

affect　〜に影響する／notify A of B　AにBを知らせる／occurrence　発生／no later than　〜以内

　この場合、「不可抗力事由の発生後」14日以内に相手に知らせる必要があるのだが、自社が不可抗力事由の発生を知らせなければならない立場（主に売主）に立った場合を想像すると、この定めに対して何か懸念はないだろうか。「不可抗力事由発生後」よりも、例えば、「自社が不可抗力事由の発生を知った時点から」14日後としたほうが、相手に知らせるための準備期間が長くなる。よって、次のように修正することが考えられる。

The affected Party shall notify the other Party of the occurrence of the event of Force Majeure <u>no later than 14 days after the affected Party has become aware of the occurrence of the event of Force Majeure</u>.

（不可抗力の）影響を受けた当事者は、<u>不可抗力事由の発生を知った後14日以内</u>

に不可抗力事由の発生を相手方当事者に知らせなければならない。

【Vocabulary チェック】
become aware of　〜に気がつく

　ただ，今度は，不可抗力事由の発生を知らされる当事者の立場（主に買主）になると，「不可抗力事由の発生を知った後」というのは，期間が長くなりすぎるという懸念がある。つまり，いつまでも，「不可抗力事由の発生に気がつかなかった！」と不可抗力の影響を受けた当事者が主張した場合，通知すべき期間が不当に長くなってしまう。そこで，次のように修正されるべきである。

The affected Party shall notify the other Party of the occurrence of the event of Force Majeure no later than 14 days after the affected Party should have become aware of the occurrence of the event of Force Majeure.
（不可抗力の）影響を受けた当事者は，不可抗力事由の発生を知るべきだった後14日以内に不可抗力事由の発生を相手方当事者に知らせなければならない。

　これは，「不可抗力事由の発生を知るべきだった後」となるので，客観的な事情から，「普通，影響を受けた当事者は不可抗力事由の発生に気がつくべき状況にあったよね」と思われる日から期間がカウントされることになる。
　以上をまとめると，最初に示した after the occurrence が「最も客観的な基準」ではあるものの，それは影響を受けた当事者にとって受け入れがたいものである。一方，次に示した after the affected Party has become aware of は「最も主観的な基準」であるので，やはりふさわしいとはいえない。よって，3つ目に示した after the affected Party should have become aware of が両当事者にとって合意できるライン，ということになる。

コラム⑧　〜M&A契約でよく用いられる主観的基準〜

　M&A契約では，売主が買主に対して，売買の対象となる企業の財務状況や係争中の案件の有無などについて，事実を開示し，その事実に誤りがないことを保証するのが通常である。これを，表明保証と呼ぶ。今，以下のように，係争関係についての表明保証を定める条文があったとして，売主の立場になった場合に，加えるべき文言を考えてみよう。

The Seller hereby represents and warrants to the Purchaser, except as set forth in Exhibit-C hereof, as of the date hereof, there are no Proceedings pending against the Company that would have a material adverse effect on the Company.

売主は，本契約によって，買主に対して，本契約の添付資料Cに定められている場合を除き，本契約の締結日において，対象会社に対して重大な悪影響を及ぼす係争中の紛争は，ないことを表明保証する。

【Vocabulary チェック】
represent　〜を表明する／warrant　〜を保証する／except　〜を除く／proceeding　係争

　ここで押さえておきたいのは，売主は，たしかに対象会社のことを買主よりもよく知ることができる立場にいるものの，必ずしも，細かな事項に関することまですべてを把握しているわけではない，ということである。もちろんM&A取引の際には，売主は十分に対象会社を調査の上で，認識した事実を買主に表示しようと努力はするが，漏れはどうしても起こり得る。もしも漏れがあったからといって，買収をやめると買主が主張する権利をもつということになると，売主にとって酷である。そこで，次のように修正されるのが一般的である。

The Seller hereby represents and warrants to the Purchaser, except as set forth in Exhibit-C hereof, as of the date hereof, <u>to the knowledge of the Seller</u>, there are no Proceedings pending against the Company that would have a material adverse effect on the Company.

売主は，本契約によって，買主に対して，本契約の添付資料Cに定められている場合を除き，本契約の締結日において，<u>売主が知る限り</u>対象会社に対して重大な悪影響を及ぼす係争中の紛争は，ないことを表明保証する。

つまり，表示した事実が正しいと保証するのは，「売主が知っている範囲のもの」についてである，と制限するのである。こうすることで，売主は，表明保証違反となる範囲を狭めることができる。

練習問題

以下の①～⑥に適切な語を埋めよ。

to the Purchaser's satisfaction や fit for the Owner's purpose のように，相手方当事者の［①］が基準とされている場合には，できるだけ［②］な基準となるように修正するべき。その際，reasonable という文言を追記することもある程度意味があるが，より望ましい手当てとしては，次のように，仕様書（［③］）などに明確な基準を定め，それに従うこと，またはそれを満たすことで足りると定めることが考えられる。

• to ［④　～を満たす] the requirement specified in the Specifications
• ［⑤　～に従って] the Specifications
• fit for the Purchaser's purpose ［⑥　～に定められている] the Specifications

●答え

①主観　②客観的　③ specifications　④ satisfy/meet/comply with など　⑤ in accordance with／pursuant to　⑥ specified in/provided in/set forth in など

パターン

19 期間に関する曖昧さを減少 させる方法

契約書には，主に契約当事者の義務が定められているが，この義務には，期限が付されている場合が多い。そして，その期限に遅れた当事者は，何らかの不利益を被ることになるのが通常である。ここでは，そんな期限に関する修正方法・定め方の注意点を解説する。

合理的な期間とは？

英文契約書の中では，時々次のような表現が使われる。

> within a reasonable period
> 合理的な期間内に

「合理的な期間」とは，一体何日間を指すのだろうか。

この表現は，「実際にこの条文が適用される場面になってみないと，何日以内がふさわしいかが明らかにならないような場合」に使われる。そのような場合に事前に無理やり具体的期間を定めようとしても，それは一方の当事者にとっては長すぎ，他方にとっては短すぎ，ということになり，いつまでも合意に至らないので，「とりあえず」合理的期間内と定めておくことが多い。このような場面の例として，次のようなものがある。

> If any Defect is found during the Warranty Period, the Seller shall repair, replace, or make good the Defect at the Seller's cost <u>within a reasonable time</u>.

> もしも保証期間中に不適合が発見された場合には，売主は，<u>合理的期間内に</u>その不適合を売主の費用で修理または交換しなければならない。

　買主としては，本音は直ちに修理・交換を開始してもらいたい。しかし，売主としては，不適合の性質がどのようなものであるかによって必要となる準備期間が異なる。単純なものであれば，翌日にも作業を開始できるかもしれない。しかし，複雑な不適合であるとなれば，それができない場合もあるだろう。2日か，それとも3日か，……。結局，起こってみないと妥当な日数は決められない。こんなときに，「合理的な期間」が定められる。

　この合理的期間は不明確な条文ではあるものの，必ずしも問題が生じるとは限らない。上の例でも，売主が誠実に対応してくれるのであれば，数日かかったとしても，買主も文句はいわないだろう。「契約書に2日と明記しておけばよかった」などとも感じないかもしれない。しかし，合理的期間という文言が曖昧であることに変わりはない。少しでも明確にできないだろうか。そんなときに使えるのが，次の表現である。

> within a reasonable period, <u>but no later than five（5）days,</u> after 〜
> 〜の後，合理的期間内，ただし，5日以内に

　上の表現により，どんなに遅くても，5日以内といった「歯止め」があることになるので，だいぶ期間の幅が絞られることになる。

　また，promptly（直ちに）や as soon as practicable（できるだけ早く）といった表現は，契約書の中でもよく使われているが，やはり不明確である。1秒後なのか，数日間の猶予はあるのか，これらの文言だけからは客観的に判断することはできない。そこで，これらの表現も，次のように範囲を狭める方法が採られることがある。

> promptly and in any case no later than five（5）days after ～
>
> ～の後，直ちに，しかし，遅くとも 5 日以内に
>
> as soon as practicable but no later than twenty four（24）hours after～
>
> ～の後，できるだけ早急に，しかし，遅くとも 24 時間以内に

　この点，次のように感じた人もいるかもしれない。

　「within a reasonable period を削除し，単に no later than five（5）days after～ではダメなのか？」

　つまり，within a reasonable period は結局不明確な文言であることに変わりがないので，残しても意味がなく，削除するべきではないか？　という考えである。しかし，within a reasonable period を残すことには一応意味がある。というのも，no later than five（5）days after～だけだと，仮にその条文が適用される場面に遭遇した際に，1 日以内に行動に出るのが適切だといえるような場合であっても，5 日以内まで作業を開始せずとも何ら咎められないし，相手にすぐに行動に移すように催促もしにくいということになる。この点，within a reasonable period があれば，状況次第では，1 日以内に行動に移すように相手方に強く働きかけることが契約上できることになる。よって，within a reasonable period, but no later than five（5）days, after～のほうが，単純な no later than five（5）days after～よりも，義務を課す当事者の立場からみると，やや都合がよい，といえる。

契約上の期間の重要性

　契約上の期間について，どのくらい厳密に守らなければならないものだと考えているだろうか。日本の企業同士の場合，期間の定めは「あってないようなもの」とまではいかずとも，少し遅れたくらいでどうこうなるものではない，

と考えている人もいるかもしれない。しかし，海外との取引では，十分に気をつけたほうがよい。以下に期限が重要な意味をもつ例を紹介しよう。

納　期

　まず，契約上，最も重要な期間の定めといえば，納期である。売買契約において，売主が納期に遅れたら，売主は買主に対して損害賠償責任を負う。これは納期遅延 LD を支払うことになる場合が多いと思われる。1 日遅れたら，売主が X 米ドル支払わなければならないと定め，10 日遅れたらその 10 倍支払う，というように，簡単に損害賠償金額が算出されることになる。

　この納期と関係するものとして押さえておきたいのが，「Time is of the Essence」と呼ばれるものである。Time is of the Essence とは，直訳すれば，「時間は必要不可欠なものである」といった感じになるが，ここでいう Time は，「納期」を意味しており，Time is of the Essence で「納期に間に合わせることは，本契約における本質的な義務である」という意味になる。

　通常，納期遅延 LD が定められている場合には，納期に遅れても，納期遅延 LD を売主が買主に支払う責任を負うのみで，すぐに買主が契約を解除することは認められない。一方で，納期遅延 LD の定めがなく，かつ，Time is of the Essence という文言が契約書に定められると，納期にたとえわずか 1 日遅れたにすぎない場合でも，買主は契約を解除できることになる。契約を解除されると，売主はそれ以降買主から対価を受け取ることができなくなるし，仮に解除の時点までに売主が分割払いを受けていた場合には，その金額を買主に返還しなければならなくなり得る。したがって，Time is of the Essence と定められている場合には，いつも以上に売主は納期厳守を意識しなければならなくなる。

　ちなみに，納期遅延 LD が定められているのにもかかわらず，Time is of the Essence という定めもあるというのは，矛盾である。納期遅延 LD を定めるということは，納期に遅れても買主は契約を解除せず，納期遅延 LD を支払ってもらえば十分である，という意味だからである。もしも納期遅延 LD と Time is of the Essence の両方が定められている場合には，紛らわしいので

Time is of the Essence を削除するべきである。

契約不適合責任（保証責任）

次に，保証責任における買主の売主への通知に関する期間がある。

保証期間中に不適合が発見された場合，売主はそれを無償で修理・交換する責任を負う。もっとも，製品がすでに買主に引き渡されているので，不適合が生じたかどうかは基本的には売主は知りようがなく，買主が発見し，その買主が，不適合があった旨を売主に対して知らせることが必要とされているのが通常である。この通知には，次のように期限が定められる場合がある。

If the Purchaser finds any Defect in the Product during the Warranty Period, <u>the Purchaser shall notify the Seller of the nature of such Defect in writing together with the evidence for that no later than five（5）days after the Purchaser finds it.</u>

If the Purchaser fails to comply with the above requirement, the Seller is not required to be liable to the Purchaser for such Defect.

もしも買主が保証期間中に製品に不適合を発見した場合には，買主は不適合を発見後 5 日以内に売主にかかる不適合の性質とともに，その証拠を書面で知らせなければならない。

もしも買主が上記の要求を守らない場合には，売主はかかる不適合について買主に対して責任を負わない。

【Vocabulary チェック】

defect　不適合／notify A of B　A を B に知らせる／together with　〜と一緒に／evidence　証拠／no later than　〜以内／comply with　〜を遵守する／the above　上記の／be liable to A for B　A に対して B についての責任を負う

この場合，買主が不適合発見後 5 日以内に不適合について売主に知らせなければ，買主は売主に対して保証責任を追及できないことになる。「不適合が

あったことはたしかなことなのに，単に期限に遅れただけで権利がなくなるなんて不公平だ」と思われるかもしれないが，契約上そのような合意をしてしまえば，そのような効果が生じることになる。

請負契約におけるクレーム

特に請負契約や建設契約で気をつけていただきたい期限は，「クレーム通知の期間」である。ここでクレームとは，「何らかの理由で履行が遅れる，または追加費用が生じた場合に，納期の延長や追加費用の負担を請負者が発注者に請求すること」を指す。例えば，**不可抗力**（Force Majeure）があったとする。これにより，請負者は仕事の遂行を妨げられ，納期に遅れることになった。通常，契約書には，不可抗力条項が定められているので，請負者は不可抗力を原因として納期に遅れる分については責任を問われないことになる。しかし，この不可抗力の効果は，請負者が何もせずに自動的に得られるとは限らない。契約書に，次のように定められていることがあるからである。

The Seller shall give written notice to the Purchaser stating (i) the occurrence of the event of Force Majeure and (ii) the nature of such event no later than ten (10) days after the Seller should have become aware of the occurrence of such event.

If the Seller fails to give such notice to the Purchaser, the Seller is not entitled to an extension of time for such delay.

売主は，不可抗力の発生を認識すべきときから10日以内に(i)不可抗力事由の発生，および(ii)その性格を記した書面の通知を買主に発行しなければならない。

もしも売主がそれを怠った場合には，売主は遅れに対する納期延長を得られないことになる。

【Vocabulary チェック】
state　～を記す，～を記載する／nature　性格，性質／no later than　～以内／become aware of　～に気がつく／occurrence　発生／extension of time　納

　このような条文があるにもかかわらず，請負者が 10 日以内に発注者に対して通知を送付しない場合には，請負者はまさにこの条文が定めているとおり，納期延長を得られなくなる。その結果，請負者は「納期に遅れた」ということになり，納期遅延の損害賠償を発注者に対して負わなければならなくなる。

　この相手方への通知を怠った場合に納期延長や追加費用を得られなくなるのは，**仕様変更**の場合も同じである。例えば，発注者が契約締結時に合意した仕様の範囲外の要求を契約締結後に請負者に対して行ったとする。この場合，通常請負者は発注者のその変更要求が仕事の遂行，具体的には納期やかかる費用にどのような影響が出るのかを検討する義務を負う。そして，要求された変更を実施するのに必要な日数や追加費用金額などを発注者に提出する。それに基づいて両者で協議をして，実際にその仕様変更を実施するか否かを決める。ここで，発注者による最初の仕様変更要求を受け取った請負者は，一定の期間内に検討結果を通知することが契約上求められているのが通常である。もしもその期間内に検討結果を送付しない場合，請負者は納期延長も追加費用も得られないことになる。

　請負者の側としては，単に期間が過ぎただけで全部の権利を失うとされるのを避けたいので，次のような修正を行うことも考えられる。もっとも，この修正がどこまで効果があるのかはわからない。契約では，期限を定めたら，その期限内に必ず遂行することを第一とすべきである。次の修正文は，念のための防御と位置づけておくべきである。

If the Contractor fails to give such notice to the Owner, the Contractor is not entitled to an extension of time for delay and payment of the additional cost, <u>but only to the extent such failure materially prejudices the Owner.</u>

もしも請負者がそれを怠った場合には，<u>それによって発注者に重大な損失を及ぼす範囲に限り，</u>請負者は遅れに対する納期延長も追加費用の支払も得られな

いことになる。

【Vocabulary チェック】

extent　範囲／failure　しないこと，懈怠／prejudice　～を侵害する

 コラム⑨　～M&A 契約におけるレプワラ違反の補償期間の重要性～

　M&A 契約には representations and warranties（レプワラ＝表明保証）というものがある。株式を譲渡する当事者である売主は，買主に対して，対象会社がどのような状態かを示し（representations），それが正しいことを保証するのである（warranties）。この表明保証に誤りが発見された場合，買主は①株式を買い取るのをやめる，または，②その誤りにより対象会社の価値が減額した分を金額に換算し，損害賠償として売主からその支払を受けるという手当てがなされるのが通常である。ここで買主が気をつけたいのは，売主による表明保証の違反を追及できる期限である。たとえ売主による表明保証に誤りがあったとしても，この期間を超えると，売主に対して責任を追及できなくなる。実際，売主の表明保証の中に記載されていなかった巨額の負債の存在に気がつかずに，対象会社を買収してしまい，表明保証違反の責任を追及できる期限が過ぎた後でそのことにようやく気がついたという企業もある。その企業は，自社だけではその負債分を負担しきれなかったため，最終的にはその親会社が主力事業を手放してまでその穴埋めをしなければならなくなった。このように，契約上の期限というのは「あってないようなもの」ではなく，実に厳しく適用されるものなのである。

---

before / after

　before と after は，その後に来る日を含むだろうか。それとも含まないか。

　実は，「含まない」と考えられている。もしも before と after の後に来る日を含ませたいなら，「接する」という意味をもつ on を用いて次のように書くべきである。

from / to

では，from と to はどうか。

答えは，契約書で用いられるときは，「含む」か「含まないか」曖昧である，と考えられている。そのため，後に来る日を含ませたい場合には，次のように including を，逆に含ませたくない場合には，excluding を用いて定めるということが推奨される。

from and excluding〜／to and including〜

では，ここで実例を用いて練習してみよう。売主が納期として定められたまさにその日に製品を買主に引き渡した場合に，売主が買主に納期遅延 LD を支払う責任を負わないことを明確にするには，下の条文のカッコ内に何を入れればよいか。

練習問題

If the Seller fails to deliver the Product to the Purchase [　] the Deadline for Delivery, the Seller shall pay to the Purchaser the liquidated damages specified in the Specifications.

【Vocaburary チェック】

deliver　〜を引き渡す／liquidated damages　予定された損害賠償金額／specified in　〜に定められている／specifications　仕様書

●答え

on or before

理由：before はその後に来る日を含まないので，before the Deadline for Delivery

とすれば，納期（the Deadline for Delivery）のまさにその日に製品を引き渡した場合には，納期に遅れたことになる。つまり，売主は買主に対してLDを支払う責任が生じる。一方，on or before the Deadline for Delivery と定めた場合には，納期（the Deadline for Delivery）を含むことになるので，納期として定められたまさにその日に製品を買主に引き渡した場合には，売主は納期に間に合ったことになる。つまり，売主は買主に対してLDを支払う責任を負わないことになる。

within a reasonable time of 〜と within a reasonable time after 〜の違い

時々，次のような表現をみることがある。

---

within a reasonable time <u>of</u> A

直訳すると，「Aの合理的期間内に」となるが，これだと，「Aの<u>後</u>の合理的期間内」なのか，「Aの<u>前</u>の合理的期間内」なのか不明確である。of ではなく，after なのか，それとも before なのか明確に書くようにするべきである。

> 🐶 **豆知識⑭　〜before と after の覚え方〜**
>
> 　上でみたように，before と after がそれぞれその後に来る日を含むか含まないか混乱しそうになったら，次のように考えてみよう。
> 　ダイエット製品の宣伝で，ビフォー・アフター（before after）という言葉がよく使われる。ここでいう before とは，「ダイエット製品やサービスの使用の前」であり，after は「ダイエット製品やサービスの使用の後」である。つまり，before とは，まだ「何もしていない状態」であって，基準であるダイエット中を「含まない」。また，after は，「もはやダイエットを終了している状態」であって，基準であるダイエット中を「含まない」。よって，before after は基準点を「含まない」と考えると少しは覚えやすいのではないか。
> 　別の例では，10時を基準としたとき，日本語で「10時前」という場合には，

10時を含まない。そして，「10時の後」という場合も，やはり10時を含まない。よって，前と後を意味する英語である before after も「基準を含まない」と覚えてもよいだろう。

練習問題

以下の①～③に当てはまる英単語を答えてください。

within a reasonable time, promptly, そして as soon as practicable など
の表現は，曖昧である。これをもう少し明確にするためには，次のように修正
することが考えられる。

within a reasonable time, but no [① おそい] than five（5）days, after
……

promptly and in any [② 場合] no later than five（5）days after ……

●答え

① later　② case（または event）

パターン20 曖昧な表現を具体化する手法

　英文契約書の中には，便利であるため何となく使われているけれども，よく考えると曖昧な意味の文言がある。例えば，major（主要な），minor（比較的重要でない），そしてmaterial（重大な）などである。これらの意味を具体化したい場合の方法について紹介したい。

言い換える（定義する）

　まず考えられるのが，「言い換える」である。例えば，請負契約では，通常，請負者が契約に定められている仕事を完成させ，その証拠として検収証明書が発注者から請負者に対して発行されると検収となり，以後，完成された製品を発注者が商業利用することができるようになる。このとき，minorな仕事が完成していない場合には，厳密には「仕事が完成した」とはいえないものの，発注者としては，早く検収をしてその製品を自由に使って自分の事業を開始し，それにより利益を得るために，minorな仕事が完成していなくても検収とする，という扱いとする旨の定めが契約にある場合がある。ここで，単に「minor work and defects以外の仕事が完成すれば検収となる」などと定めると，一体何がこれに当てはまるのか曖昧である。そこで，この文言を次のように定める。

If the Product passes the test specified in the Specifications, except for any minor work and defects that will not substantially affect (i) the use of the Product for the purpose specified in the Specifications and (ii) the safety of the Product, the Contractor may give the Owner written notice requiring the Owner to issue the Certificate of Taking Over.

(i)仕様書に定められている目的のための製品の使用，および，(ii)製品の安全に

163

> 実質的な影響を与えることにならないマイナーな仕事および不適合を除き，製品が仕様書に定められている試験に合格した場合には，請負者は，発注者に対して，検収証明書を発行するように求める書面の通知を発行することができる。

【Vocabulary チェック】

pass ～に合格する／specified in ～に定められている／specifications 仕様書／except for ～を除く／substantially 実質的に／affect ～に影響する／safety 安全性／require A to do Aに～することを求める／issue ～を発行する／certificate 証明書／taking over 検収

　つまり，関係代名詞などを用いて minor work and defects を詳しく説明する文言を定める。上では，発注者が意図している製品の使用と安全性に影響が出ないような事項であれば，完成していなくても発注者が製品を商業利用することに問題ないと考えられるので，そのように定めている。not substantially affect ＝実質的に影響がないという表現も，やや曖昧さは残るが，minor work and defects だけの場合と比べれば，何を意味しているのかわかりやすくなっている。

数字で示す

　請負契約では，請負者が発注者から受けた仕事の一部を下請けに請け負わせることがよく行われる。このとき，原則として，請負者は自由に仕事を下請けに出すことができるものの，例外的に，請負者が仕事の一部を下請けに出す前に，発注者の承認を必要とすると定められている場合がある。これは，実力不足の下請けに仕事が任されるのを防ぐためである。このとき，「発注者の事前の承認を必要とするのはどのような仕事にするか？」という点が問題になる。

　まず考えられるのは，「下請けに任せる仕事の費用」を基準とするものである。例えば，1億円以上の仕事を下請けに出す場合には，発注者の事前の承認を必要とすることにする。

　または，「下請けに任せる仕事の種類」を基準とする。つまり，発注者に

とって，特に重要だと思われる仕事を任せる場合には，発注者の事前の承認を必要とすることにする。

これらを条文に定める方法としては，以下のようなものがある。

金額基準を設ける方法：
"Major Subcontractor" means a subcontractor providing goods or services costing <u>more than USD one million (1,000,000).</u>
主要な下請けとは，百万米ドルより多い費用となる製品またはサービスを提供する下請けを意味する。

仕事の種類で分ける方法：
"Major Subcontractor" means a subcontractor providing goods or services <u>specified in Appendix 8 hereof.</u>
主要な下請けとは，本契約の添付資料8に定められている製品またはサービスを提供する下請けを意味する。

その上で，上記に該当する下請け（Major Subcontractor）に発注する場合には，発注者の承認が必要であると定める。

The Contractor shall not subcontract any part of the Works to the Major Subcontractor without the Owner's prior written approval.
請負者は，発注者の事前の書面の同意を得ずに，主要な下請けに仕事の一部を請け負わせてはいけない。

列挙する

契約上の義務に違反した場合，違反した当事者は相手方に対して損害賠償責任を負うことになるのが原則であるが，契約に「material breach」が生じた場合には，損害賠償責任に加えて，相手方が契約解除権をもつことになる，と

定められている場合もある。契約を解除するとは，契約当事者が一方的に契約を終了させることである。例えば，売買契約の買主が解除権を行使すると，売主はそれ以降，対価を得られなくなり，場合によっては，解除までに支払われた対価も買主に返還しなければならなくなる。このように，解除権が生じるというのは，重い意味をもつ。この解除権が生じる「material breach」とは，「重大な違反」と訳すことができ，普通の契約違反よりも「より重い違反」というイメージをもつことができる。しかし，具体的にはどのような事象を material breach と呼ぶべきか，という質問に答えるのは難しい。「material breach とはこういうものだ」と全世界で通用する完全な共通認識があるわけではないので，結局，ケースバイケースとなってしまう。つまり，material breach に該当する契約違反が生じたら，契約解除という契約当事者にとって重大な事態となり得るのに，具体的にいかなる場合に material breach となるかが曖昧なのである。これでは契約当事者は，自分がいつ解除されるか，またはどのような場合に解除できるかがわからない。これを避けるためには，以下のように，material breach に該当する場合を列挙する方法が考えられる。

If the Seller fails to deliver the Product to the Purchaser on or before the Deadline for Delivery, such failure shall be deemed to be <u>a material breach</u>.
もしも売主が製品を買主に納期までに引き渡さない場合には，かかる不履行は<u>重大な違反</u>とみなされる。

If <u>a material breach</u> occurs, the Purchaser may terminate this Agreement by giving written notice to the Seller with immediately effect.
もしも<u>重大な違反</u>が生じた場合，買主は，売主に対して書面の通知を発行することで，本契約を直ちに解除することができる。

もっとも，そもそも material breach という文言を使う必要はなく，以下の

ようにシンプルに，「～の場合には，契約解除権が生じる」と定めてもよい。

If any of the following events occur, the Purchaser may terminate this Agreement by giving written notice to the Seller with immediately effect:

(i) AAA;

(ii) BBB; or

(iii) CCC.

もしも以下の(i)から(iii)のいずれかが生じた場合には，買主は，売主に対して書面の通知を発行することで，本契約を直ちに解除することができる。

【Vocabulary チェック】

the following　以下の／occur　起こる，生じる／terminate　～を解除する

最低限の明確化を図る

　契約交渉は相手がいることなので，こちらの主張を受け入れてもらえないことがある。そのような場合でも，「最低限，これだけは明確にしておく」という「守りの修正」をする方法がある。例えば，以下のようなものである。

If a material breach occurs, the Purchaser may terminate this Agreement by giving written notice to the Seller with immediately effect.

A material breach includes, but not limited to, a failure to rectify a Defect within a period specified in Sub-Clause 7.3, and a failure to comply with the applicable law, but does not include a failure to deliver the Product to the Purchaser before the Deadline for Delivery.

もしも重大な契約違反が生じたら，買主は売主に対して書面の通知を発行することで本契約を直ちに解除することができる。

重大な契約違反は，第7条第3項に定められている期間内に不適合を修理しない場合，適用される法律に違反する場合を含むがそれに限られない。<u>しかし，製品を納期までに買主に対して引き渡さない場合を除く。</u>

【Vocabulary チェック】
occur　〜が生じる／terminate　〜を解除する／immediately　すぐに／effect　効果／include　〜を含む／failure　〜しないこと／rectify　〜を修理する／defect　不適合／specified in　〜に定められている／comply with　〜を守る，遵守する

　上の条文では，material breach に該当する場合が2つ列挙されているが，「includes, but not limited to」とあるので，それらに限定されない旨が定められている。つまり，具体的にいかなる場合かはわからないものの，他の場合にも material breach に該当し得る，ということになる。これに対して，下線部のような追記をすれば，「material breach ではない事項」が明らかになり，<u>最低限，解除の効果を生じさせたくない違反を material breach から外すことができる</u>。この方法は，material breach の場合に限らず，様々な場面で使える方法である。

cost とは？

　cost という表現も，不明確な部分がある。cost は日本語でいえば「費用」となる。ある製品を作る場合を考えてみたとき，材料費や人件費が費用に含まれるという理解に齟齬は生じにくいと思われる。では，間接費（overhead）はどうか？　特に，本社経費と呼ばれる head office overhead は費用に含まれるのかは人によって認識に差が生じてくる可能性がある。本社経費とは，製造そのものには直接関係してこないものである。例えば，本社の役員の報酬や本社における光熱費などである。これらも当然含めて契約金額は見積られるのだが，発注者のせいで納期が遅れ，それに伴い請負者が予定よりも長期間その案件に向けた仕事をしなければならなくなった場合に生じる追加費用として，請

負者は発注者に本社経費も請求できるのか。さらには，profit はどうか。これは利益である。イメージとしては，もはやこれは費用とはいえないように思える。しかし，費用を相手に請求したいと考える当事者からしてみると，なるべく多く請求したいので，費用の中に含まれると主張するかもしれない。となると，やはり争いになり得る。このような事情から，cost とは何かについて以下のように契約書中で定義されることもある。

"Cost" means cost reasonably incurred by the Contractor, <u>including</u> head office overhead, <u>but does not include</u> profit.

費用とは，請負者が合理的に被る費用を意味し，本社経費を含むが，利益は含まない。

【Vocabulary チェック】

reasonably　合理的に／incur　～を被る／head office overhead　本社経費／profit　利益

競合の範囲

　技術ライセンス契約，販売店契約，合弁契約，さらには株式譲渡契約など，実に様々な契約に，競合する製品を扱ってはならない旨が定められることがある。例えば，技術ライセンス契約では，ライセンサーとしては，ライセンシーにはライセンス製品と同種の製品の製造・販売をしてほしくないと考えるのが通常である。ライセンシーがライセンス製品の事業に専念してくれたほうが，ライセンス製品がたくさん売れて，その分ランニングロイヤリティが入ってくるからである。ここで問題となるのが，何をもって競合製品とするかである。ライセンシーとしては，競合製品の範囲をなるべく狭くしたいところである。

　この点，競合製品の文字どおり，次のように定めることも考えられる。

> The Licensee shall not manufacture and sell <u>any products that compete with the Licensed Product</u>.
> ライセンシーは，ライセンス製品と競合するいかなる製品も製造・販売してはならない。

　しかし，下線部分が示す製品とは何なのか曖昧である。そこで，下線部分について，以下のように，具体的な部品などを含む製品を競合製品と定めると明確さが増す。

> any product containing A（Aには部品などを入れる）（〜を含む製品）

　さらに，次のように定めると，少なくとも，競合製品ではないものが明確になる。

> any product containing A, but does not include B, C, and D.

Force Majeure の条文でおさらい

　上で紹介した「言い換える」，「数字で示す」，「列挙する」，そして「最低限の明確化を図る」というすべての手法が盛り込まれているのが，Force Majeure の条文である。

> 28.1
> "Force Majeure" means an event or circumstance that <u>(i) is beyond the control of the Party claiming Force Majeure</u>, <u>(ii) such Party could not</u>

reasonably have foreseen at the time of the execution of this Contract, and (iii) having arisen, such Party could not reasonably have avoided.

28.2

To the extent that the above conditions are satisfied①, Force Majeure includes, but not limited to:

(i) war, rebellion, revolution, blockade, embargo, terrorist,

(ii) labor strikes, lockouts,

(iii) radioactive contamination,

(iv) earthquake, tsunami, hurricane, tornado, lighting, volcanic eruption, landslide, plague, epidemic, pandemic; and

(v) storms, floods, or rain provided that each of the foregoing is of a magnitude that has not occurred within the past 10 years②.

(vi) government order (including in connection with any health and safety or other event); or

(vii) any event or circumstances analogous to the aforesaid.

28.3

Notwithstanding the provision set forth in Sub-Clause 28.1, Force Majeure does not include:

(i) a mechanical breakdown;

(ii) delay in obtaining customs or other clearances in respect of imported materials; and

(iii) strikes or other employee disturbances which occur within the Contractor's facilities or the Subcontractor's facilities other than strikes or employees disturbances that are national or industry wide.

28.1

本条において「不可抗力」とは，(i)不可抗力事由に当たるとのクレームをする当事者のコントロールを越え，(ii)その当事者が契約締結時に合理的に予見できなかったものであり，かつ，(iii)生じた場合には，その当事者が合理的に避けることができなかった事象または状況を意味する。

28.2

上記条件が満たされている限り，不可抗力は以下を含むがそれに限られない。

(i) 戦争，反乱，革命，封鎖，出港禁止，テロリスト

(ii) ストライキ，ロックアウト

(iii) 放射能汚染

(iv) 地震，津波，ハリケーン，竜巻，稲妻，火山噴火，地滑り，疫病，特定地域または世界的な伝染病の発生，および，

(v) 嵐，洪水，または雨，ただし，これらは過去10年以内に生じていないほどの激しさのものに限る。

(vi) 政府命令（健康および安全またはその他の事象に関するものを含む），または

(vii) 上記に類似した事象または状況

28.3

第28条第1項の定めにかかわらず，不可抗力は以下を含まない。

(i) 機械の故障

(ii) 輸入材料に関する通関またはその他の手続の遅れ，および

(iii) 国家的または産業界レベルでのストライキや従業員の怠慢以外の請負者の工場，または下請けの工場内で起こるストライキや他の従業員の怠慢

Force Majeure とは，通常，「不可抗力」と訳される。どちらの契約当事者のせいでもない理由で契約上の義務の履行が妨げられた場合には，妨げられた分だけ，その履行が遅れたことについて責任を問われなくなるというものである。これは主に，売買契約や請負契約の売主・請負者の義務の履行が妨げられる場合に適用される。この Force Majeure は，「そもそも Force Majeure とは何なのか？」という点がまず問題になる。ここで，上の波線部は，**言い換え**をしている。つまり，Force Majeure とは，(i)契約当事者のコントロールを越えており，(ii)契約締結時に予見することができなかったものであり，さらに，(iii)生じた場合に合理的に避けることができない事象である，と言い換えている。

ただ，このように定めても不明確さは残るので，次に，具体的な事象を**列挙**している。このとき，including, but not limited to という文言が使われることが多い。これは，「〜を含むがそれに限られない」という意味で，例示列挙と

呼ばれる。反対が限定列挙である。限定列挙は，「Force Majeure とは，ＡとＢとＣだけです，これ以外は Force Majeure ではありません」という定め方であるのに対して，例示列挙は，「ＡとＢとＣは Force Majeure で，場合によっては，他の事象も Force Majeure に該当します」というものである。どちらが Force Majeure に該当する範囲が広くなるかといえば，当然後者の例示列挙である。よって，Force Majeure の恩恵を享受しやすい売主側は，できるだけ範囲を広げようとして，including, but not limited to を用いようとする。

これに対して，買主は，できるだけ Force Majeure に該当する場合を狭めたいと考える。そこで，次のような制限を加える。

① to the extent that the above is satisfied, the Force Majeure means…とする。

単に具体的な事象として列挙した事象に該当するというだけでは Force Majeure とは認めず，「どちらの契約当事者のせいでもない」，「契約締結時に予見できない」，「実際に生じたときに対処できない」という３つの条件を満たす必要があるとする。

② 10 年に一度レベルというような**数字を用いた条件**を付ける。

自然災害は，列挙しても曖昧になりがちである。例えば，大雨，洪水，地震，そしてハリケーンといったものを書いても，これらはピンからキリまで程度がある。どこから大雨といえるのか，洪水があれば履行義務を免れさせてよいのか……。そこで，レベルを定める。例えば，「過去 10 年で一度もないレベル」などである。

③ Force Majeure に**該当しない場合**を列挙する。

Force Majeure の条文では，意外とこれは定められていないことも多いが，including, but not limited to という例示列挙による拡大への対抗策として，「以下の事象は Force Majeure には当たらない」と定めて，できるだけ範囲を狭めることができる。これにより，買主としては，「最低限，これらは Force Majeure には当たらない」という事項を明確化できる。

コラム⑩　～M&A 契約における MAC／MAE 条項の明確化～

　M&A 契約では，「material adverse change（MAC）または material adverse effect（MAE）＝重大な悪影響」という文言がよく使われる。例えば，下の例文では，買収の対象となる会社が抱える係争案件について，売主が，「重大な悪影響を及ぼすものは添付資料Cに列挙しているものを除いていない」ことを表明保証している。

The Seller hereby represents and warrants to the Purchaser except as set forth in Exhibit-C hereof, as of the date hereof, to the knowledge of the Seller, there are no Proceedings pending against the Company <u>that would have a material adverse effect</u> on the Company.

　売主は，本契約によって，買主に対して，本契約の添付資料Cに定められている場合を除き，本契約の締結日において，売主が知る限りで，対象会社に対して<u>重大な悪影響を及ぼす</u>係争中の紛争は，ないことを表明保証する。

　しかし，「重大な悪影響」とは何かは不明確である。そこで，M&A 案件の中でも取引の規模が大きくなるほど，これをできるだけ明確にするために定義しようとする傾向がある。例えば，上で紹介した「守りの修正」として，「重大な悪影響」に該当しない事項とは何かを明記することが行われる。

For purposes of this Agreement, a material adverse effect <u>does not include</u> any change, effect, circumstance, event, or occurrence arising from:

(a)　changes to the industry in which the Company operates;

(b)　changes in the general economic, political, financial, or capital markets conditions or the general condition of the financial, banking or securities markets (including interest rates, currency and credit markets);

(c)　any act of civil unrest, war or terrorism, including the engagement by a Governmental Authority in hostilities or the escalation thereof, whether or not pursuant to the declaration of a national emergency or war;

(d) changes in Law or accounting rules, including GAAP, after the date hereof; or

(e) any "Act of God," including any hurricane, fire, earthquake or other natural disaster.

　本契約において，重大な悪影響は，以下から生じる変更，影響，状況，事象または発生は含まない。

(a) 対象会社が事業を行う産業における変更

(b) 一般的な経済，政治，金融，もしくは資本市場の状況，または，金融，銀行，もしくは証券市場（金利，通貨，および信用市場を含む）の一般的な状況の変化

(c) 国家の非常事態宣言または戦争の宣言に従ったものか否かにかかわらず，政府による戦闘行為またはその拡大への関与を含む，市民の暴動，戦争またはテロ行為

(d) 本契約締結後の法令またはGAAPを含む会計規則の変更

(e) ハリケーン，火事，地震またはその他の自然災害を含む天災

練習問題

minor，major，そして material のような曖昧な文言を明確にするための方法には，どのようなものがあるか答えてください。

●答え

①言い換え　②数字で基準を示す　③具体的に該当する事項を列挙する　④最低限除きたい事項を列挙する

パターン
21 優先的に適用させる方法

次のような２つの条文が１つの契約書に定められている場合，直ちにその意味を正しく理解できるだろうか。

The Seller shall not disclose the Confidential Information to any third party without the Purchaser's prior written consent.

The Seller may disclose the Confidential Information to its subcontractor without the Purchaser's prior written consent to the extent necessary for the subcontractor to perform its work under the subcontract agreed between the Seller and the subcontractor.

【Vocabulary チェック】

disclose　〜を開示する／consent　同意／subcontractor　下請け／to the extent　〜の範囲で／necessary　必要な

　最初の一文では，「売主は，買主の事前の同意なくして，第三者に対して，秘密情報を開示してはならない」と定められている。つまり，売主が買主から受領する秘密情報を第三者に開示したいなら，買主から事前に承認を得る必要がある。しかし，その次の英文では，「売主は，売主と下請け間で合意された下請契約に基づき，下請けがその仕事を履行するために必要な範囲で，買主の事前の同意なくして，下請けに対して秘密情報を開示することができる」と定められている。下請けは，買主と売主の間の売買契約の契約当事者ではないので，「第三者」である。つまり，第三者である下請けに秘密情報を開示するには，買主から事前の承認を得る必要はない，という定めである。これでは，買主の同意が必要か否かという点に関して，最初の条文と２つ目の条文は矛盾していると感じられるため，読み手は少なからず混乱するであろう。

　このような場合，実務では，どちらかの条文を無効と捉えるべきではなく，

両者の整合性を取らせる方向で解釈されることになると思われる。具体的には，「原則として，売主は買主の同意を得ずに秘密情報を第三者に開示してはならないが，第三者の中でも特に売主の下請けについては別扱いとし，下請けが仕事を行うために必要となる範囲に限って，買主の同意を得ずに秘密情報を開示してよい」と解釈されるだろう。しかし，できれば，そもそも解釈の仕方について混乱が生じないようにあらかじめ手当てしておきたいところである。そのような場合に用いられるのが，notwithstanding である。具体的には，次のように定める。

The Seller shall not disclose the Confidential Information to any third party without the Purchaser's prior written consent.

Notwithstanding the above, the Seller may disclose the Confidential Information to its subcontractor without the Purchaser's prior written consent to the extent necessary for the subcontractor to perform its work under the subcontract agreed between the Seller and the subcontractor.

【Vocabulary チェック】
the above　上記のもの

　「notwithstanding ＋名詞・名詞句」で「～にかかわらず」という意味になる。この表現を用いて，原則的な扱いを定めている部分を示す単語（上の条文では「the above」）を notwithstanding の後に置けば，「原則的な扱いを定めている条文にかかわらず，以下では，次のようになります」という意味にすることができる。こうすれば，矛盾する条文同士の原則・例外の関係が明らかになり，読み手も混乱せずに済む。

　ただ，上にも記載したとおり，この notwithstanding がないと，必ずしも適切に解釈できないというわけではない。一見矛盾するかのように思える上の例文も，しっかり読めば，最初の条文が原則を定めており，2つ目の条文が例外を定めていると理解できる人は多い。そのため，実際の英文契約上でも，例外

を表す条文の文頭に「notwithstanding＋名詞」が置かれていないことはよくある。例えば，次のような条文である。

> A Party may not invoke Force Majeure as an excuse or reason to delay the payment of any sum under this Contract.
> 契約当事者は，本契約に基づく金額の支払を遅らせる理由として不可抗力に頼ることはできない。

【Vocabulary チェック】
invoke　〜に頼る／excuse　理由／delay　遅れ／sum　金額

これは，Force Majeure の条文の中に定められることが多いものの1つである。Force Majeure の条項には，契約当事者による義務の履行が遅れたとしても，それが Force Majeure に当たる事象による場合には，遅れた当事者はその遅れについて相手方に責任を負わずに済む旨が定められている。一方で，上の条文のように，金銭の支払義務には Force Majeure が適用されない旨が定められているのが通常である。この場合，「Force Majeure のせいで履行が遅れた場合には，遅れの責任を問われない」と定める条文と，上の「Force Majeure のせいで金銭の支払義務の履行が遅れた場合には，Force Majeure は適用されない」という条文は，矛盾しているといえる。そのため，本来は，上の条文の頭に，Notwithstanding any provision in this Article（本条のいかなる定めにもかかわらず）などと定められていたほうがわかりやすいが，必ずしもそのようになっているわけではない。そしてその場合でも，文脈から何が原則で何が例外なのか判断がつくので，まず問題は起こらない。

よって，例外的扱いを定める条文の頭に「notwithstanding＋名詞」が置かれているほうが読み手には理解しやすく，また，万が一にも意図していない解釈がなされてしまうことを防ぐためにも，なるべく定めたほうがよいといえるが，常にそのようになっているわけではない。

しかし，「必ず notwithstanding を定めておくべき」という場合がある。それは，責任上限と間接損害・逸失利益の免責条項を定めるときである。

Notwithstanding と責任上限および間接損害・逸失利益の免責条項の関係

　請負契約に以下のような3つの条文が定められているとする。

第X条　「請負者は，〇条に違反したことで発注者が被る損害をすべて賠償しなければならない」

第Y条　「請負者は，本契約に基づく発注者に対する累積責任は契約金額を上限とする」

第Z条　「請負者が本契約に関して発注者に被らせた間接責任および逸失利益については，責任を問われない」

　ここで，実際に請負者が〇条に違反したとする。その結果，発注者は直接的な損害のみならず，間接損害や逸失利益を被り，かつ，それらの合計金額が契約金額を超えたとする。この場合，請負者は，当然，第Y条および第Z条が適用され，間接損害も逸失利益も免責され，さらに，賠償金額は契約金額に制限されるはずだと主張する。しかし発注者はこう反論するかもしれない。

　「第X条は，第Y条および第Z条の例外的な扱いを定めている。つまり，原則としては，請負者は間接損害も逸失利益も賠償する責任を負わないし，賠償金額も契約金額まででよいが，第〇条違反の場合には，第X条が適用され，特別に，発注者が被る損害すべてを，上限なく賠償しなければならない。」

　この発注者の反論は，請負者としては驚きに値するだろうが，一方で，論理的に考えて，明確におかしいとまではいえない（読もうとも思えばそのように読めなくもない）。そのため，同様の結論を下す仲裁人や裁判所があるとしても不思議ではない。その場合には，せっかく第Y条や第Z条で責任が制限されるように定めたのに，あっさりとその適用が排除されてしまう。このような判断が下ることは，請負者としては何としても避けたい。そのためには，この責

任上限条項が優先的に適用されることを明記しておくことが重要となる。具体的には，以下のようにするべきである。

---

① 契約書中のどこかの条文に，「相手方が被った<u>すべての</u>損害を賠償する」という文言があれば「すべての」という文言は削除し，「相手方が被った損害を賠償する」としておく。

さらに，

② Notwithstanding anything provided in this Agreement や，Notwithstanding anything <u>to the contrary</u> provided in this Agreement などをまず書き，その後に，責任上限および間接損害・逸失利益の免責を定めておく（to the contrary の有無で両者の実質的な意味に違いはない）。

なお，「相手方が被った<u>すべての</u>損害を賠償する」という文言は，これだけをみれば，「すべての」を削除してもしなくても，意味は同じである。つまり，「相手方が被った損害を賠償する」と定められていれば，ある損害 α も，別の損害 β も，その金額がいくらであっても，すべて「相手方が被った損害」に当たるので，「すべての」という文言があろうがなかろうが，契約に違反した者は相当因果関係がある範囲で相手方にすべて賠償しなければならなくなると解釈される。「すべての損害」と定められていないから，「すべて賠償する必要はないのだ」という主張は成り立たない。実際，日本の民法の損害賠償について定める条文も，「すべての損害を賠償する」などという表現にはなっていない。しかし，他に定めた責任上限，および間接損害・逸失利益の免責条項との絡みで問題になった場合には，この「すべての」があると，上に述べたように，例外的に「すべての」損害を賠償させようとしている意図が当事者間にある，と裁判所や仲裁人に受け取られ，責任上限および間接損害・逸失利益の免責条項に優先して適用すべきと判断されるきっかけになってしまうおそれがある。よって，このような場面においては，「すべての」は削除するほうがより安全といえる。

　私がこれまでみてきた日本の契約書でも，海外取引における英文契約書でも，

必ずしも，責任制限条項の文頭に，Notwithstanding ～という文言が定められていたわけではない。しかし，これは大きなリスクが残る条文と考えられるので，Notwithstanding を用いて，その他の条文に優先する旨を明らかにするように心がけることをお勧めする。

🐕 豆知識⑮ 〜重過失〜

　責任上限や間接損害・逸失利益の免責を定める条項（いわゆる limitation of liability）は，契約に違反した当事者が，故意（willful misconduct）・重過失（gross negligence）の場合には適用されないと定められることが通常である。故意とは，「わざと」という意味で，過失とは，本来払うべき注意を払わなかったこと，つまり，「注意義務違反」のことである。そして重過失とは，注意義務違反の程度が重大なものである場合を指す。ここで，重過失に当たるか否かは，結果が重大であるかどうかとは直接的には関係がない。注意義務を果たさなかった結果生じた損害がどんなに巨額・甚大なものであろうとも，注意義務を果たさなかった程度が重大なものでない限り，重過失にはならない。この点は，実務上，とても重要である。上で述べたように，契約に違反した当事者が単なる過失ではなく，重過失に該当するとなれば，責任上限条項や間接損害・逸失利益の免責条項が適用されなくなるので，違反された当事者（損害を被る当事者）は，「生じた結果が重大であるので，この契約違反は重過失だ！　だから生じた損害は無制限に全額払え！」と強く主張してくることがよくある。しかし，違反した当事者は，冷静に，結果の重大性ではなく，注意義務を怠ったその程度が重大なのか否かを見極めて反論するべきである。ちなみに，通常，重過失であったことを立証する責任があるのは，損害の賠償を請求する側にあるのが通常であり，違反した当事者が自分たちの過失が「重過失ではなかった」と立証しなければならないわけではない点もあわせて理解しておこう。

パターン 22　費用の負担者を明示する方法

次のような条文が定められていた場合，何か修正すべき点はあるだろうか。

When a Defect is found in the Product within the Warranty Period, the Seller shall repair, replace, or make good the Defect.

保証期間中に製品に不適合が発見された場合には，売主はその不適合を修理・交換しなければならない。

【Vocabulary チェック】

defect　不適合／repair　〜を修理する／replace　〜を交換する／make good〜を直す

　これは，契約不適合責任に関する条文である。保証期間中に不適合が発見された場合には，売主がそれを修理・交換する責任を負う旨が定められている。特に何も問題がないように思えるが……。そう思った読者は，自社が売主となる立場でみたためかもしれない。自社が買主となる立場でみると，何か気がつかないだろうか。

　実は，このような契約不適合責任の条文には，at the Seller's cost という文言が定められているのが通常である。これは，「売主の費用負担で」不適合を修理・交換するという意味になる。この点，単に the Seller shall repair, replace, or make good the Defect と定めるだけでもよいのではないか？　と考える人もいるかもしれない。つまり，売主が不適合を修理・交換しなければならないと定められていれば，当然それは，修理・交換にかかる費用の負担も売主が行うことを示しているとも思えるからである。

　契約書には，あえて at its cost や at its own cost などと記載して，誰がその行為によって生じる費用を負担するのかを明示している場合と明示していない場合がある。例えば，売買契約で，製品を売主が買主に引き渡す旨を定める

条文や，建設契約で請負者がプラントなどの建物を完成させる義務を定める条文に，あえて次の条文の下線部のように誰が費用を負担するのかを定めていることはまずないといってよい。

The Seller shall deliver the Product to the Purchaser <u>at the Seller's cost</u>. The Contractor shall complete the Plant in accordance with this Contract <u>at the Contractor's cost</u>.

【Vocabulary チェック】
deliver　～を引き渡す／complete　～を完成する／in accordance with　～に従って

　しかし，一方で，184 頁に挙げた契約不適合責任として売主が不適合を修理・交換する場合や，請負者がまだリスクを負担している間（主に検収前）に生じたリスクによるプラントの損害を売主が修理・交換する責任を定める条文には，以下のように誰が費用を負担するのかが定められていることが多い。

The Contractor shall repair, replace, or make good the damage to the Plant caused by the risk <u>at the Contractor's cost</u>.
請負者は，リスクによって生じるプラントの損害を，請負者の費用負担で修理・交換しなければならない。

【Vocabulary チェック】
cause　～を引き起こす

　さらに，ある行為を行う当事者とその行為から生じる費用を負担する当事者が異なる場合には，最終的な費用の負担者が誰なのかが明記されるのが通常である。例えば，機器供給契約において，検収により製品のリスクが請負者から発注者に移転した後に生じた「どちらのせいでもない事象＝リスク」によって，製品が損害を受けた場合には，すでにリスクが発注者に移転しているので，リ

スクを修理・交換するのにかかる費用は発注者の負担となる。このとき，その製品を最もよく知る請負者が実際に修理・交換を行う義務を負う旨が契約に定められることがあるが，その場合には，行為者（修理・交換を行う請負者）と費用負担者（発注者）が異なるため，下の下線部のように請負者が最終的に発注者に費用を負担してもらえる旨が明記されるのが通常である。

If the Product suffers damage due to the risk after the Taking Over, the Contractor shall repair, replace, or make good the damage within a reasonable period and <u>the Owner shall reimburse to the Contractor the cost incurred by the Contractor in connection with such rectification.</u>

もしも製品が検収後にリスクによって損害を被った場合には，請負者は合理的期間内に損害を修理・交換しなければならず，発注者はかかる修理に関して請負者が被る費用を請負者に支払わなければならない。

【Vocabulary チェック】
suffer　〜を被る／due to　〜に起因して，〜の原因で／taking over　検収／reimburse　〜を償還する／incur　〜を被る／rectification　修理

　これは，行為を行う契約当事者がその行為に関して生じる費用を負担するのが通常なので，そうではない上のような場合には，誰が費用を負担するべきかをめぐって後日争いになるのを防ぐために明記する必要があるためと思われる。
　以上を整理すると，英文契約の実務では費用の負担者の明示について，おおむね次のように運用されていると思われる。

---

① まず，契約上の一般的な義務の履行（売買契約における売主による製品の引渡義務や建設契約における請負者の建物建設義務など）については，誰が費用を負担するのかを明示する必要はない。

---

② 次に，実際の行為者と費用負担者が異なる場合（製品の修理作業は売主が行うのに，その費用は買主が負担するなどの場合）には，誰が費用を負担するのかを明示する。

③ 最後に，実際の行為者と費用負担者が同じであっても，契約上の義務違反の責任を果たす場合やリスクなどによって生じた損害を修理・交換するのにかかる費用負担については，誰が費用を負担するのかを明示する。

特に②の場合に費用の負担者を明示しないと，行為者が負担するものと解釈されるおそれがあるので注意するべきである。

ちなみに，at one's cost は，次のように定められることもある。どれも実質的な意味に差はない。

> at one's own cost
> at one's expense
> at one's cost and expense

最後に，追加費用の負担に関しては，上記の他に，次のような書き方もあるので，あわせて押さえておこう。

まず，最もシンプルなのが，pay を使うものである。

> The Purchaser shall <u>pay</u> to the Seller the additional cost incurred by the Seller in connection with ……
> 買主は，〜に関して売主が被る追加費用を売主に支払わなければならない。

次に，bear（〜を負担する）を用いる方法がある。

> The Purchaser shall <u>bear</u> the additional cost incurred by the Seller in connection with……
>
> 買主は，～に関して売主が被る追加費用を負担しなければならない。

さらに，reimburse（～を償還する）を用いて書かれることもある。

> The Purchaser shall <u>reimburse</u> to the Seller the additional cost incurred by the Seller in connection with……
>
> 買主は，～に関して売主が被る追加費用を売主に償還しなければならない。

練習問題

以下の①～③に適切な英単語を入れてください。

> If a Defect is found in the Product, the Seller shall repair, replace, or make good the Defect ［①　「売主の費用負担で」となるような前置詞］ the Seller's cost.
>
> The Purchaser shall ［②　～を負担する］ the additional cost that the Seller incurs due to the Purchaser's default.
>
> The Purchaser shall ［③　～を償還する］ to the Seller the cost incurred by the Seller in connection with such rectification.

●答え

① at　② bear　③ reimburse

第 IV 章

使いこなすのが
難しい表現

英文契約の中には，頻繁にみかけるけれども，いざ自分が使う立場になると自信がもてないという表現がある。「読むことはできるが，使いこなせない……」。このような表現がたくさんある，と自分で感じているうちは，英文契約書に対する苦手意識はなかなか払しょくされない。このような表現を自分でも使えるようになるか，または，そもそも，実質的に同じ意味の他の表現を使うことで足りるとわかれば，気持ちも違ってくるはずである。ここでは，そのような表現について解説する。

パターン **23** 「どちらの〜も……でない」とする方法

Neither

買主の立場からみた場合，次の条文はどこに問題点があるだろうか。

Notwithstanding anything provided in this Contract, the Seller shall not be liable to the Purchaser, whether in contract, tort, or otherwise, for any indirect damage, special damage, consequential damage, incidental damage, or loss of profit suffered by the Purchaser in connection with this Contract.

本契約に定められているいかなる条文にもかかわらず，売主は，契約上，不法行為上，またはその他について，本契約に関し買主が被る間接損害，特別損害，結果損害，付随的損害，または逸失利益について，買主に対して責任を負わない。

【Vocabulary チェック】

notwithstanding　〜にもかかわらず／provided in　〜に定められている／be liable to A for B　A に対して B について責任を負う／tort　不法行為／or otherwise　……またはその他のもの／suffer　〜を被る

　おそらく，買主としては，契約違反の結果，特別損害等を負わなくて済むのは，売主だけではなく，自分たちも，つまり，「両当事者としたい」と考えるであろう。では，どのように修正するべきか。

　1つは，the Seller <u>and the Purchaser</u> shall not be liable to the other Party 〜という方法が考えられる。もちろん，これは誤りではない。しかし，英文契約では，このような「どちらの当事者も〜ない」という場合には，neither が用いられることが多い。これを使うと，次のようになる。

> Notwithstanding anything provided in this Contract, **neither** Party shall be liable to **the other Party**, whether in contract, tort, or otherwise, for any indirect damage, special damage, consequential damage, incidental damage, or loss of profit suffered by the other Party in connection with this Contract.

　これにより，「（買主も売主も）どちらの契約当事者も，責任を負わない」となる。

　または，次のように neither A nor B の形で書くこともできる。

> Notwithstanding anything provided in this Contract, **neither** the Seller **nor** the Purchaser shall be liable to **the other Party**, whether in contract, tort, or otherwise, for any indirect damage, special damage, consequential damage, incidental damage, or loss of profit suffered by the other Party in connection with this Contract,

第Ⅳ章　パターン23

Neither A shallか？　Neither A mayか？

　次の条文のカッコ内は，shall と may のどちらを入れるのが正しいだろうか。

> Neither the Purchaser nor the Seller [　　　　] assign or transfer any of rights or obligations under this Agreement to any third party without the other Party's prior written consent.
> 買主も売主も，相手方当事者の事前の書面による同意なくして，本契約に基づく自己の権利または義務を，第三者に移転または譲渡してはならない。

　この neither を使う場合に気をつけたいのが，neither A **shall** とするか

neither A <u>may</u> とするかである。両者は適切に使い分けがなされなければならない。

まず，neither A shall は，「どちらのAも〜しなければならない<u>わけではない</u>」という意味に解釈され得る。つまり，「義務はない」という意味であり，これは「〜してはいけない」という禁止を意味するものではないのである。Neither A shall ＝ A shall not ではないのである。

一方，neither A may は，「どちらのAも〜すること<u>はできない</u>」という意味となる。

上記から，以下のように使い分けることが必要となる。

| Aがある行為に出ることを防ぎたい・禁止したい | Neither A may 〜 |
| Aが義務や責任を負わないものとしたい | Neither A shall 〜 |

したがって，上の問題のように「どちらの当事者も契約上の権利義務を第三者に譲渡するのを禁止したい」場面では，neither A may とするべきである。

一方，最初の責任制限の条文は，「どちらの当事者も，特別損害等について責任を負わないことにする」＝「責任はない」と定めたい場面なので，neither A shall とするべきである。

次に，「AもBもCも〜でない」と3つ連ねて書く方法を身につけよう。3つになると，途端に書き方がわからなくなってくるので，しっかり理解しよう。例えば，売買契約や請負契約では，製品の検収前に試験を行う。この試験に関して，次のような条文が定められることがよくある。

「製品の試験の実施も，試験への発注者による立会いも，試験の合格証の発行も，請負者を本契約に基づく他のいかなる義務から免責するものではない。」

この書き方は，次のように2通りある。

> **Neither** the execution of a test of the Product, **nor** the attendance by the Owner's inspector, **nor** the issue of any test certificate, shall release the Contractor from any other responsibilities under the Contract.
>
> **Neither** the execution of a test of the Product, the attendance by the Owner's inspector, **nor** the issue of any test certificate, shall release the Contractor from any other responsibilities under the Contract.

　つまり，neither A, nor B, nor C と，neither A, B, nor C という書き方があるのである。

練習問題

　以下の①〜③に当てはまる文言を回答してください。

> 通常，契約当事者に不作為義務（禁止）を課す場合には，［①］が用いられる。しかし，neither を用いた neither ＋主語 ＋ shall は，主語が［②］という意味に解釈され，禁止の意味にならないおそれがある。よって，主語がある行為をすることを禁止する旨を，neither を用いて定める場合には，neither ＋主語＋［③］と定めたほうがよい。

●答え

① shall not　②〜しなければならないわけではない　③ may

24 in no event/under no circumstances

強調のために使われる表現として，「いかなる場合でも～ない」という意味の in no event や under no circumstances がある。

Notwithstanding any other provision to the contrary provided herein, <u>in no event</u> shall the Seller be liable to the Purchaser, whether in contract, tort, or otherwise, for any indirect, special, consequential, or incidental damage, or loss of profit suffered by the Purchaser in connection with this Contract.

本契約中に反対の趣旨の定めがある場合でも，売主は，契約上，不法行為上，またはその他の場合においても，本契約に関して買主が被る間接損害，特別損害，結果損害，付随的損害，または逸失利益について責任を負わない。

【Vocabulary チェック】

notwithstanding　～にもかかわらず／provided herein＝provided in this Contract　本契約に定められている／tort　不法行為／consequential　結果的な／incidental　付随的な／loss of profit　逸失利益／suffer　～を被る／in connection with　～に関して

上の例文では，in no event を用いて，「いかなる場合でも，売主は責任を負わない」と定められている。一方，次の例文は，in no event を用いていない点を除けば上の例文と同じである。

> Notwithstanding any other provision to the contrary provided herein, the Seller shall not be liable to the Purchaser, whether in contract, tort, or otherwise, for any indirect, special, consequential, or incidental damage, or loss of profit suffered by the Purchaser in connection with this Contract.

　今，保証期間中に不適合が発見されたとしよう。売主がその修理をするために買主は製品の使用を止めなければならなくなった。この間，買主には逸失利益（loss of profit）（逸失利益については 38 頁を参照）が生じる。この場合，in no event が用いられている 1 つ目の例文によれば，「いかなる場合でも，売主は逸失利益等について責任を負わない」とあるので，当然，売主は逸失利益についての責任を負わないことになる。では，2 つ目の例文による場合はどうだろうか。この場合も，「売主は逸失利益等について責任を負わない」と定められているので，まさにその言葉どおり，売主は逸失利益について責任を負わない。つまり，「いかなる場合でも」という文言があろうがなかろうが，結局売主は逸失利益について責任を負わないのである。in no event や under no circumstances は，単なる強調の意味しかなく，通常，その有無で異なる結果が導かれるようなものではない。

　逆に，そのような表現を条文中で使うことに問題があるわけでもない。ここで理解していただきたいのは，そのような文言を使うかどうかについて，何かルールがあるわけではなく，ドラフトする人が，その時の気分で，または参考例文にたまたまそのような表現があったから，という理由でその文言を使っているというだけなので，その種の表現を厳密にどのような場合に使い，どのような場合に使わないか，ということに頭を悩ませてもしかたがないということである。それさえ理解できていれば，あとは強調したいときに使えばよい。ちなみに，in no event や under no circumstances を用いる場合には，その後には**倒置**が起こり，the Seller shall ～の部分は shall the Seller ～となる点に注意しよう。

25 however, provided that

> however, provided that 主語＋動詞
>
> provided, however, that 主語＋動詞
>
> provided that 主語＋動詞

　上の表現は，英文契約書において頻繁に使われており，これらはすべて「ただし」と訳されることが多い。では「ただし」とは具体的にはどのような意味かというと，意外と曖昧である。この表現が用いられる場面としては，まず，次のように単なる順接の意味がある。

> The Purchaser may attend the tests by its designated inspector, <u>provided that</u> the Purchaser shall bear all costs incurred in connection with such attendance.
>
> 買主は，買主の指定検査員によって試験に立ち会うことができる。<u>ただし</u>，買主はかかる立会いに関して生じるすべての費用を負担しなければならない。

　上の例文は，売主が製品の試験を行う際に，買主が自身の検査員を立ち会わせることができるものの，その立会いのために生じる費用は買主で負担する必要があることを定めている。ここで，provided that が使われているが，この文言がないと意味が通じないだろうか。provided that を取り除いた以下の条文を読んでみてほしい。

> The Purchaser may attend the tests by its designated inspector.
> The Purchaser shall bear all costs incurred in connection with such

attendance.
買主は，買主の指定検査員によって試験に立ち会うことができる。
買主はかかる立会いに関して生じるすべての費用を負担しなければならない。

　このように provided that を使わずに2つの文に分けても，①買主が試験に自身が指定した検査員を立ち会わせることができ，そして②その立会いに関して生じる費用を買主が負担する，という2つの事項を明確に読み取ることができる。つまり，provided that の有無で違いは生じないのである。

　では，なぜ，最初の例文では provided that を用いていたのか。それは，ドラフトした人に聞いてみないとわからないが，おそらく，次のような理由だと思われる。

　まず，買主が試験に自身の検査員を立ち会わせる権利をもつということは，売主には，買主の検査員を立ち会わせる義務があるということである。通常，義務を負う当事者は，その行為から生じる費用を負担するのが一般的である。よって，ここでも，売主が買主に生じる費用を負担することになりそうだと感じる人が多いと思われる。しかし，ここでは費用は売主ではなく，買主が負担することにするという普通とは異なる定めをしているので，その点をニュアンスとして表そうとして，provided that を使ってみたということではないかと思われる。

　ちなみに，上の例文は，次のように単にand で2つの文をつなげた形で書くこともできる。

The Purchaser may attend the tests by its designated inspector <u>and</u> shall bear all costs incurred in connection with such attendance.

　また，以下は，at its own cost =「自己の費用負担で」という意味の表現を用いて，上と同じ意味にした条文である。これが一番シンプルな書き方かもしれない。

> The Purchaser may attend the tests by its designated inspector <u>at its own cost</u>.

　また，次のように，provided that 主語＋動詞で**逆接**の意味を表す場合もある。

> The Purchaser may require the Seller to conduct any test not specified in this Contract, <u>provided that</u> no such test impedes the progress of the Seller's performance of its other obligations under this Contract.
> 買主は，売主に，本契約に定められていない試験を実施するように求めることができる。<u>ただし</u>，かかる試験は，本契約に基づく売主の他の義務の履行の進捗を妨げるものであってはならない。

　provided that の前の部分では，「買主が売主に契約に定められていない試験を行うように求めることができる」とある。一方，provided that の後では，「売主の他の義務の履行を妨げる試験はダメ」といっており，provided that の前後で逆のことをいっている。つまり逆接の関係になっていることがわかる。すると，provided that の代わりに，例えば，but を使って，次のように書くこともできる。

> The Purchaser may require the Seller to conduct any test not specified in this Contract. <u>But</u> no such test impedes the progress of the Seller's performance of its other obligations under this Contract.

　または，unless「～でない限り」を用いて次のように書くこともできる。

> The Purchaser may require the Seller to conduct any test not specified in this Contract <u>unless</u> such test impedes the progress of the Seller's performance of its other obligations under this Contract.
> 買主は，試験が本契約に基づく売主の他の義務の履行の進捗を妨げるものでない限り，売主に対し，本契約に定められていない試験を行うように求めることができる。

　unless を用いる際には，unless の中に「～でない限り」という否定の意味がすでに含まれているので，最初の例文中の no such test の no を削除する必要があるが，ともかく，provided that を用いなくても同じ意味の条文にすることができる点を理解していただきたい。

　3つ目は，「もしも～なら」という**条件**の意味の場合である。

> The Seller shall allow the Purchaser to access at any reasonable time to any place where the Product is being manufactured in order to inspect the progress of manufacture, <u>provided that</u> the Purchaser shall give the Seller reasonable prior notice.
> 売主は，製品の製造の進捗を検査するために，製品が製造されている場所に，買主が合理的な時間にアクセスすることを認めなければならない。<u>ただし</u>，買主は合理的な事前通知を売主に提供しなければならない。

　この例文では，provided that の前の部分で，「売主が買主に製造過程を検査するために現場を訪れる権利を与える義務」が定められている。一方，provided that の後では，「それは買主が事前に売主に通知を出した場合である」と定められている。つまり，「<u>買主が売主に事前通知を出せば，売主は買主に製造現場へのアクセス権を与える</u>」という意味になるので，provided that の後は，その前の部分の条件を表していることがわかる。したがって，provided that ではなく，例えば，以下のように if とか when などを用いても，同じ意味を表す条文とすることができる。

> The Seller shall allow the Purchaser to access at any reasonable time to any place where the Product is being manufactured in order to inspect the progress of manufacture, <u>if</u> the Purchaser <u>gives</u> the Seller reasonable prior notice.

　もっとも，if などの条件節とする場合には，節の中の shall は削除し，3 人称単数現在の gives にする必要がある。

　上の解説から理解していただきたいことは，「provided that は使ってはいけない」ということではない。ただ，無理して使う必要はなく，if，but，unless，さらには単に文を分ける，という方法でも，書きたい内容を表すことができる，という点を知っていただきたい。この理解があれば，「この場面でprovided that を使っていいんだっけ？」と悩む必要はなくなるし，また，provided that よりも意味が明確な表現を用いることで，読み手が provided that の具体的な意味を文脈から推測する必要がなくなり，より読みやすい英文になる。

 コラム⑪　〜何となく読めるだけだった英単語を自由に使いこなせるようになる勉強方法〜

　言葉は，それが実際にどのように使われているのかを学ぶのが，一番効果がある。英語を勉強していてよく感じる不安は，「この英単語の意味はわかったが，そのままどのような場面でも通用するのだろうか？」というものではないだろうか。例えば，日本語でも，「意味としては間違いではないが，この場面では普通その言葉は使わない」というものがある。それが英語でも起こり得ると思うと，途端に不安になる。なので，「実際にこの英単語はどんな場面で使われるものなのか？」がわかると，自信をもって使いこなせるようになるはずである。

　この自信をつけるためにお勧めの勉強方法は，自社が過去に締結した大型案

件の英文契約書を使うものである。大型案件では、外部の弁護士事務所に依頼していることが多く、しかも、ネイティブの弁護士が十分に吟味した上で作成したものであることが多いだろう。よって、内容に信頼をもつことができる。そして、大型案件であれば、契約書のボリュームも相当なものであることが多く、その分、例文が多い可能性が高いはずである。

　この契約書の電子データを入手した上で、検索機能を用いて読んでいく。例えば、cause という英単語を検索窓に入れると、おそらく、①「原因」という意味の名詞である cause、②「〜を引き起こす」という意味の動詞としての cause、③その受動態で、「〜によって引き起こされる……」という意味の caused by、さらには、④第三者にある行為を「させる」という使役の意味で用いられている cause を含む例文がヒットするはずである。それらを上から順番に片っ端から読んでいく。すると、辞書で cause を調べたときとは比べ物にならないほどの数の例文を読むことになる。しかも、その例文はすべて現実に結ばれた英文契約書中のものなので、即仕事に使える例文といえる。例文の数が多いほど、その単語を具体的に、どういう場面で使ってよいのかがわかるようになる。

　もちろん、この勉強方法は、地道な努力が必要になる。英単語帳に掲載されている1つ2つの例文を読んで、とりあえず意味を覚えていく、という方法とはまるで異なり、1つの英単語にじっくりと向き合うものだからである。15分かけても1つの英単語についてしか学べないかもしれない。しかし、頭への残り具合は相当強い。読んで何とか意味がわかる程度であったはずの単語が、自ら使いこなせるレベルに一気に引き上げられる。これを、時間が空いたときに少しずつでもやるようにすると、やがてクセになる。仮に1日に2個これを行うとした場合でも、1年間で700を超える英単語を使えるレベルに引き上げることができるようになる。実務で英文契約に関わる人にとってそうして得られた英単語に関する知見は、一生ものの財産となる。

　日々の仕事の中では、早く問題を解決しないといけないので、このような読み方を実践するのは難しいと感じるかもしれない。そのため、普段はどちらかというと、答え探しに近くなっているかもしれない。しかし、それだと、英単語や表現についてのしっかりとした理解は得られにくい。その結果、「仕事はたくさんこなしたが、なぜか身についた気がしない」という状態に陥る。上に紹介した方法は、時間がかかる地道なものだが、その代わり、しっかり意識して読むことになるので、身につきやすい。応用も利くようになる。そして使いこなせる表現の幅は飛躍的に増えていく。試してみてはいかがだろうか？

第 V 章

リライトの練習

　取引先や参考書の英文は，不必要に冗長で，難解な英文となっている場合がある。みなさんがそれらのように書けないのは，皆さんの英語力が足りないから，ではなく，参考にしている英文に問題があるからかもしれない。

　しかし，初学者の方は，そのようにお手本のほうが悪い，とはなかなか思えない。ネイティブや海外の人，専門家が作った英文なのだから，これが正解なのだろう，このような英語を書かなければならないのだろう，と考えてしまう。

　以下では，いくつかの参考例文をリライトしてみる。そして，その例文のどこが冗長で，どのようにすれば法的な意味を変えずによりシンプルに書けるかを解説していく。なかには，初学者の方でも，「そういう条文でよいなら，自分にも書けそうだ」と思えるものもあると思う。ある事項を定める英文は，1つしかない，というわけではないと実感できれば，これまでよりも英文を書くことが気楽になるだろう。

リライト第1問　名詞を動詞へ！

　次の英文を，よりシンプルに，しかし意味は変わらないようにリライトして
みよう。

The Seller shall make changes or modifications to the Product, or any part thereof as may be necessary to meet the Performance Guarantees.

売主は，性能保証を満たすために必要となり得る製品またはその一部に対して変更または修理を行わなければならない。

　以下のように修正できる。

修正前	修正後
make changes or modifications to the Product 〜	change or modify the Product 〜

　つまり，「make＋名詞」は単純に，動詞で書き表すことができる場合がよくある。make を使わないほうが文字数を減らすことができ，シンプルになる。契約書でよく登場する名詞とその動詞の形には次のようなものがある。

支払	payment	pay
修正	modification	modify
追加	addition	add
修正	amendment	amend
表明	representation	represent
参照	reference	refer
開示	disclosure	disclose
決定	decision	decide

リライト第2問　定義の使い方と as の用法

> The Supplier shall perform the delivery of Goods as described in Attachment A of this Agreement.

　この英文には，2つの問題点がある。

perform か，具体的な動詞か

　1つは，perform the delivery of Goods である。直訳すると，「製品の引渡しを履行する」となるが，これは，動詞として perform を使わずに，deliver を使い，単純に deliver the Goods（製品を引き渡す）とすれば足りる。果たすべき義務を具体的に定める場合には，perform ＋名詞の形にするよりも，pay や deliver のように具体的な義務の内容を示す動詞を用いたほうが，意味が伝わりやすく，かつ，短く書くことができる。

　なお，ここでは売主が Goods を引き渡す相手が記載されていない。もちろん，売買契約であれば，引き渡す相手は買主に決まっているから書かなくてよいという意見もあるかもしれない。しかし，一般的には，条文は，誰が誰に対して義務を遂行するのかを省略せずに定めるものなので，to the Purchaser と明記すべきである。

as の文法的役割①関係代名詞

　次に問題なのは，Goods as described in Attachment A of this Agreement である。まず，この英文を文法の観点から解釈してみると，as は関係代名詞としての役割を果たしていると考えられる。そして，as と described の間に are があるはずだが，これが省略されていると考えるのが自然である。よって，as described 以下は Goods を修飾し，「本契約の添付資料Aに定められている製品」と解釈できる。この場合，一見何も問題がないように思えるかもしれな

い。しかし，ここでは，Goods は最初の文字が大文字なので，定義された文言であることがわかる。となると，本来，as described 以下の部分は，次のように，Goods の定義の中に含めて定められているべきである。

"Goods" means goods as described in Attachment A of this Agreement.
「製品」とは，本契約の添付資料Aに定められている製品を意味する。

そうであれば，定義条項以外では単に Goods とすればよく，定義中に含まれている情報である as described 以下を契約本文中で繰り返し定める必要はない。仮に定義中に「添付Aに定められている」という部分が含まれていない場合には，定義に追加するべきである。そうしないと，本文中で Goods が出てくるたびに，いちいち「この Goods というのは，添付資料Aに定められているものである」という点を示すために，as described in Attachment A of this Agreement と記載しなければならなくなる。これは条文を長く読みにくくするだけである。

as の文法的役割②関係代名詞の非制限用法

この点，もしかすると，as described in Attachment A of this Agreement は，前にある Goods を修飾しているのではなく，関係代名詞の非制限用法のように，「本契約の添付資料Aに定められているように，Goods を引き渡す」という意味で定められたのかもしれないと考えることも一応できる。ただ，本来，非制限用法の場合には，下のように，as described の前にカンマ (,) を置くべきである。

The Supplier shall perform the delivery of Goods, as described in Attachment A of this Agreement.

よって，カンマが置かれていない状態では，やはり最初に述べたように as described 以下が Goods を修飾しているものと捉えるのが文法的には自然だといえる。また，as を関係代名詞の非制限用法として用いた表現は，英文契約の中ではあまりみかけない。

ここで，実際にドラフトした人が，as described 以下にどのような意味をもたせたいと考えて書いたのかは，Attachment A を読んでみればわかる。つまり，Attachment A に「Goods がいかなる製品なのか」を定めているのであれば，as described 以下は Goods を修飾するものとして考えていたと予想できる。そうではなく，「支払条件のようなもの」が定められているのであれば，as described 以下は非制限用法として考えていたのだろうとおよそ検討がつく。しかし，どちらにしても，一読した際に，2 通りの解釈ができるような英文であることは好ましくない。そして，もしも非制限的用法として，「本契約の添付資料Aに定められているように，Goods を引き渡す」という意味にしたいのであれば，as ではなく以下のように「～に従って」という意味を表す in accordance with や pursuant to を用いるほうがずっとわかりやすい。

The Seller shall deliver the Goods to the Purchaser <u>in accordance with the requirement</u> described in Attachment A of this Agreement.
売主は，本契約の添付資料Aに定められている要求に従って，買主に製品を引き渡さなければならない。

リライト第3問　名詞句を副詞節へ！①

The Parties agree that the failure by the Purchaser to comply with its obligations under this Sub-Clause shall grant the Seller the right to extend a time for delay suffered by the Seller as a result of such Purchaser's failure.

> 契約の両当事者は，買主が本条項に基づく義務を遵守しないことは，売主に対して，その結果として売主が被る遅れの分についての納期延長を得る権利を与えることに同意する。

　まず，The Parties agree that とあるが，これは不要な表現である。というのも，契約書の本文は，すべて契約当事者がお互いの合意内容を定めているので，あえて「契約両当事者が以下のように合意している」と条文ごとに記載する必要はない（3頁参照）。

　次に，the failure by the Purchaser 以下をみていく。

　第Ⅰ章にて，英文契約書は，主に，①契約当事者の権利義務と②義務に違反した場合の効果を定めるものなので，条文は「契約当事者が〜しなければならない／〜することができる」という形である「契約当事者＋shall／may＋動詞の原形」となることが多いと解説したが，上の条文は，「契約当事者＋shall／may＋動詞の原形」とは全く異なる形である。このような条文をみると，「とてもこのような英文を自力で書けるようになるとは思えない……」と挫折してしまいそうになるかもしれない。しかし，安心していただきたい。実は，上の条文も，「契約当事者＋shall／may＋動詞の原形」に書き換えることができるのである。

　まず，「この条文が定めようとしているのは具体的に何なのか？」を考えよう。誰が何をしなければならない，またはできる，といっているのだろうか。すると，「売主が納期延長を求める権利を得ることができる」という定めだとわかる。そして，この売主の権利は，「買主が本条項に定められている義務に違反したこと」の結果として得られることがわかる。つまり，この条文は「買主が契約違反」→「売主が権利をもつ」ということを定めているとわかる。ここまでくれば，この条文はまさに，英文契約に頻繁に登場する「契約当事者が契約に違反したことの効果」を定めているにすぎないとわかる。では，この理解に基づいて，条文を書き換えてみよう。

　「買主が本条に違反した場合には」という意味としては，If the Purchaser fails to comply with its obligation under this Article と書くことができる。そ

して，「売主は納期延長を求める権利を有する」は，the Seller may claim an extension of time ……や，the Seller is entitled to an extension of time …… とできる。まとめると，以下のような条文になる。

If the Purchaser fails to comply with its obligation under this Sub-Clause, the Seller is entitled to an extension of time ……

いかがだろうか。この条文であれば，みたときに「自分にはとても書けない ……」とは思わないのではないだろうか。「〜の場合」を意味する表現としてのの if も，「〜することを怠る」の fails to do も，「〜する権利がある」の may や be entitled to もすべてここまでで出てきた表現ばかりで，全体として は「買主が〜しない場合には，売主は〜する権利をもつ」というとてもシンプ ルなものになっている。

この点，元の例文のほうが，何となく凝った書き方，上級者向けのようにも 思えるかもしれない。しかし，無理にそのような書き方をする必要はない。法 的に同じ意味となるのであれば，シンプルな表現・書き方を採用して何ら問題 ないのである。

ぜひ，「どのように書くべきか」と悩んだら，「英文契約書は当事者間の権利 義務と義務違反の効果を定めている条文がほとんどなのだから，今書こうとし ているものも，そのような形でシンプルに表せないだろうか？」と考えてみる 癖をつけてほしい。

なお，ここでは，fails to comply with its obligation under this Sub-Clause という表現を用いたが，いかなる義務に違反したのかをより明確に表すことも できる。例えば，支払義務に違反したのであれば，fails to pay the Contract Price to the Seller in accordance with this Sub-Clause とすれば，買主が違反 した義務が支払義務である点がはっきりとわかるようになる。または，fails to comply with the payment terms under this Sub-Clause でも問題なく通じる。

Any delivery delay exceeding 30 days may be a termination of this Contract.

　この英文は，一見意味がわかりにくい。直訳すると，「30日以上の引渡しの遅れは本契約の解除となり得る」となるが，一体何を定めようとしているのか。

　まず，Any delivery delay とは，誰が遅れることを意味しているのか。delivery という文言から，おそらく製品の引渡しのことを指していると思われるので，「売主の製品の引渡しが遅れた場合」を表そうとしているのだろうと想像できる。しかし，あくまで想像である。deliver は「～を引き渡す」という意味で，例えば，銀行保証状（bond）を相手に渡す場合にも使われる。よって，any delivery delay だけでは，誰が何に遅れることを指しているのか確定しない。

　次に，exceeding 30 days とは，どの時点を基準に30日遅れたといいたいのかが不明確である。おそらく，delivery delay とあるので，「納期に30日以上遅れたら」といいたいのだろうと推測できるが，そのような意味だと断言することはできない。何から30日遅れることを指しているのか明確にする必要がある。

　上の2点を踏まえて次のようにリライトしてみた。

Any delivery delay exceeding 30 days
30日以上の引渡しの遅れ
↓
If the Seller fails to deliver the Goods to the Purchaser no later than 30 days after the Deadline for Delivery,
もしも売主が納期の後30日以内に製品を買主に引き渡さない場合には，

ここで，元の条文の Any delivery delay exceeding 30 days は**名詞句**であり，英文の主語を構成している。しかし，これも第3問と同様に，条件を表す**副詞節**のように書くことができる。リライトの英文では，この後に続く主節で効果を書くことになる。このような「名詞句→副詞節への書き換え」は，シンプルな条文を作る際に有効な方法なので，ぜひ，覚えておこう。

　続いて，may be a termination of this Contract を検討する。これもまた意味がつかみにくい英語である。おそらく，この may は権利を意味しており，「買主が本契約を解除することができる」と表したいのだろうと推測できるが，「買主が」という点はどこにも記載されていない。また，may は元々多義語であり，一般的には「可能性」の意味で使われることが多く，また，英文契約書の中でも，可能性を意味する場合もあるので，上の例文のような書き方では誤解を生じる。本当に「契約当事者の権利」としての解除を表したいのであれば，the Purchaser may terminate this Contract のように，「誰が何をするのか」という形の中で may を使うべきである。

　上を踏まえて全体をリライトすると，次のようになる。

Any delivery delay exceeding 30 days may be a termination of this Contract.
30日以上の引渡しの遅れは本契約の解除となる

↓

If the Seller fails to deliver the Goods to the Purchaser no later than 30 days after the Deadline for Delivery, the Purchaser may terminate this Contract.
もしも売主が納期の後30日以内に製品を買主に引き渡さない場合には，買主は本契約を解除できる。

　見た目としては，オリジナルの例文のほうが短い。しかし，①誰が何に遅れる場合を書いているのか？　②何に30日以上遅れる場合なのか？　③誰が解除できるのか？　といった点が不明確である。一方，リライトした条文は，長い英文になっているが，上の3点は一読して理解できるほどに明確である。

リライト第5問　冗長な部分をなくす！

次の条文をリライトしてみよう。

Title of Product delivered hereunder shall pass from the Seller to the Purchaser at the time of completion of payment of the price for Product delivered to the Purchaser in accordance with Article 3 hereof, and the Seller shall retain the title of Product until the completion of the price for Product delivered hereunder.

本契約に基づき引き渡される製品の所有権は，本契約の第3条に従って買主に引き渡される製品の対価の支払が完了する時点で売主から買主に移転する。そして，売主は本契約に基づき引き渡される製品の対価の支払の完了まで製品の所有権を保持する。

所有権を表す2つの単語

まず，Title <u>of</u> Product とあるが，Title <u>to</u> Product の誤りである。所有権を意味する文言として ownership を使うのであれば，Ownership of Product としなければならない。

不要な表現

次に Title to Product <u>delivered hereunder</u> とあるが，下線部分（「本契約に基づき引き渡される」）は不要である。Product は定義された文言なので，Product が何かは定義をみればわかるはずである。そこに「本契約に基づいて引き渡される」という説明をつける必要はない。これと同じことは，2行目～3行目の the price for Product <u>delivered to the Purchaser</u> の部分も同じである。単に the price for Product＝「製品の金額」で十分である。

名詞の連続

また，at the time of completion of payment of the price for Product in accordance with Article 3 hereof は，「本契約の第3条に従って製品の価格の支払が完了した時点で」という意味だが，completion 以下を名詞句の形にしようとしたためか of が3つも連続しており，少し読みにくいと感じる。これを主語＋動詞のよりシンプルな形にすることもできる。

at the time when the Purchaser pays the price for Product to the Seller in accordance with Article 3 hereof

同じ意味の条文

極めつけは，4行目の and the Seller shall retain the title of Product until the completion of the price for Product delivered hereunder はすべて不要である。これは，その前の英文をいい換えているだけである。つまり，and the Seller 以下には，「売主は，製品の対価の支払時まで製品の所有権を保持する」と定められているが，その前にある英文で，製品の所有権が売主から買主に移転するのは対価の支払時とされているのだから，支払前には所有権が売主にあるのは明らかである。よって，これは，「同じことをいい換えただけの条文」であり，何ら新しい情報を加えていない。これは条文を長くする以外に意味がなく，むしろ読み手に「何か意味があるのか？」と混乱を引き起こすという弊害すらあるので削除するべきである。

この点，どうしても「製品の所有権が支払まで売主にある」ということを定めたいのであれば，「ここは単に確認のための条文です」という意図を明確にするために，次のような文言を追記するのがよいだろう。

For the avoidance of doubt, the Seller shall retain ……

この for the avoidance of doubt は，「疑いを避けるために」という意味で，要は，「念のために」といった意味である。この文言に法的な効果はないが，これを書くことで，読み手は，「すでに定められている内容の意味を明確にするために，念のために書いておきたかった条文なのだな」とわかる。そうすれば，同じ意味の英文が並んでいる理由も理解できるので，読みやすくなる。

　上を踏まえてリライトすると，次のようになる。

Title of Product delivered hereunder shall pass from the Seller to the Purchaser at the time of completion of payment of the price for Product delivered to the Purchaser in accordance with Article 3 hereof, and the Seller shall retain the title of Product until the completion of the price for Product delivered hereunder.

↓

Title to Product shall pass from the Seller to the Purchaser at the time when the Purchaser pays the price for Product to the Seller in accordance with Article 3 hereof.

第 **VI** 章

修正契約

契約を締結した後，その契約書を修正するには，大きく2通りの方法がある。1つは，新たに契約を締結し直すことである。このとき，その新しい契約書の中に，最初に結んだ契約の効力を失わせる文言を定めておく。

もう1つの方法は，最初に結んだ契約書の中の修正したい部分だけを修正するための契約を結ぶ方法である。この「一部だけを修正するために結ばれる契約」は「修正契約」と呼ばれている。修正契約を結ぶ場合には，最初の契約の大部分はそのまま効力を維持することになる。結果的に，1つの取引に対して，最初の契約と修正するために結んだ修正契約の2つの契約書が適用されることになる。この修正契約は，最初の契約の修正したいところだけをピンポイントで指摘して修正することになるので，当事者間の権利義務を定める一般的な契約書とは少し毛色が異なったものとなる。しかし，内容自体は簡単で，一度作り方を覚えれば，修正する際にいつでも使えて非常に便利なので，ぜひ，ここでしっかり身につけよう。

Amendment Agreement

This Amendment Agreement (hereinafter referred to as the "Agreement"), made and entered into on July 10, 2021, by and between ABC Co., Ltd, a company organized and existing under the laws of Japan and having its principal office at [住所] and XYZ Co., Ltd, a company organized and existing under the laws of the State of New York, United States of America and having its principal office at [住所],

WITNESSETH:

WHEREAS, A and B entered into the Sales and Purchase Agreement on April 20, 2020 (hereinafter referred to as the "Original Agreement"),

WHEREAS, the parties hereto desire to amend certain provisions of the Original Agreement,

NOW, THEREFORE, both of parties hereto agree as follows:

Article 1
The following provision is hereby added after the provisions of Sub-Clause 5.2 of the Original Agreement.
[新たに加えたい条文を記載]

Article 2
The provision of Sub-Clause 5.4 of the Original Agreement is hereby deleted.

Article 3
The provision of Sub-Clause 7.2 of the Original Agreement is hereby deleted, and the following provision is hereby added:
[新たに定めたい条文を記載]

修正契約

本修正契約（以下，「本契約」という）は，2021年7月10日に，日本法に基づき設立され存続し「住所」に主たる事務所を有するABC会社とアメリカ合衆国のニューヨーク州法に基づき設立され存続し「住所」に主たる事務所を有するXYZ会社との間で締結されたものであり，

以下のことを証する

AおよびBは，2020年4月20日付で売買契約を締結した（以下，この契約を「原契約」という）。

本契約の両当事者は，原契約のある条文を修正したいと考えている。

よってここに，本契約の両当事者は，以下のとおり合意する。

第1条
以下の条文は，本条により，原契約の第5条第2項の条文の後に加えられる。
［新たに加えたい条文を記載］

第2条
原契約の第5条第4項は，本条により削除される。

第3条
原契約の第7条第2項は，本条により削除され，以下が追記される。

［新たに定めたい条文を記載］

Article 4

Except as expressly set forth in the above, all the terms and conditions of the Original Agreement remain in effect.

Article 5

This Agreement becomes effective on and after August 1, 2021.

IN WITNESS WHEREOF, both of the parties hereto have caused this Agreement to be excused by their duly authorized representatives.

By:〔署名〕   By:〔署名〕
Name:〔記名〕   Name:〔記名〕
Title:〔役職〕   Title:〔役職〕

上に定めた条文について，1つひとつ解説する。

修正する契約の特定

　まず，修正契約では，どの契約を修正するのか，つまり，修正の対象となる契約を特定する必要がある。契約の特定は，①「タイトル」のみならず，②「締結した当事者」および③「締結日」を明示することで，1つに絞ることができる。具体的には，以下のように，修正契約を結ぶ背景を述べる Whereas 条項に定められるのが通常である。

WHEREAS, A and B entered into the Sales and Purchase Agreement on April 20, 2020 (hereinafter referred to as the "Original Agreement"),

A社とB社が2020年4月20に売買契約（以下，「原契約」と呼ぶ）を締結した。

第4条
上記に明記されている事項を除き，原契約のすべての条件はそのまま有効とする。

第5条
本契約は 2021 年8月1日から有効となる。

本契約の証として，本契約の当事者は，頭書の日付にて，その正当な代表権を
与えられた代表者によって本契約を締結させた。

【Vocabulary チェック】
enter into　（契約）を締結する／hereinafter referred to as〜　以下，〜とする

　このとき，修正の対象となる契約は，「原契約」，つまり，Original Agreement
または Original Contract などと定義するとわかりやすい。

修正のパターンは3つ

　Whereas 条項の次に契約本文を定める。原契約を修正する方法は，大きく
分けて次の3つがある。

- 原契約に対して，ある文言を新たに追記する。
- 原契約から，ある文言を削除する。
- 原契約にすでに定められている文言を，別の文言と入れ替える。

つまり，①追記，②削除，③交換である。それぞれ具体的にみていこう。

追　記

追記するためには，次のように定める。

The following provision is hereby added after the provisions of Sub-Clause 5.2 of the Original Agreement.

［ここに新たに加えたい条文を定める］

以下の条文は，本条により，原契約の第5条第2項の条文の後に加えられる。

【Vocabulary チェック】

the following　以下の／provision　条文／add　〜を加える

原契約のどの条文の後にいかなる文言を挿入するのかを示す。hereby とあるが，これは，by this provision ＝本条により，という意味である。

削　除

削除するためには，次のように定める。

The provision of Sub-Clause 5.4 of the Original Agreement is hereby deleted.

原契約の第5条第4項は，本条により削除される。

【Vocabulary チェック】

delete　〜を削除する

原契約のどの部分を削除するのかを明示する。

交換（削除＋追記）

　交換とは，つまりは，ある文言を削除した上で新たな文言を加えるということなので，上でみた2つの組み合わせとなる。

The provision of Sub-Clause 7.2 of the Original Agreement is hereby deleted, and the following provision is hereby added:
[ここに代わりに定めたい条文を記載する]
原契約の第7条第2項は，本条により削除され，以下が追記される。

【Vocabulary チェック】
delete　〜を削除する／the following　以下の／provision　条文／add　〜を加える

他の条文の変更なし

　そして，原契約の中で，上に示した追記・削除・交換以外には，何ら変更なく，今後も有効であり続ける点を明記する。

Except as expressly set forth in the above, all the terms and conditions of the Original Agreement remain in effect.
上記に明記されている事項を除き，原契約のすべての条件はそのまま有効とする。

【Vocabulary チェック】
expressly　明確に／set forth in　〜に定められている／the above　上記のもの／terms and conditions　条件／remain　〜のままである／in effect　有効な

効力発生時期

　最後に，この修正契約がいつから効力を生じるのかを定める。これを記載し

219

なければ，修正契約へ契約当事者双方が署名を終えた時点で効力が生じることになるが，この点は明記しておいたほうが後で争いが生じることを防げる。

> This Agreement becomes effective on and after August 1, 2021.
> 本契約は 2021 年 8 月 1 日から有効となる。

【Vocabulary チェック】

effective　効力がある

練習問題

以下の英文中の①～⑤を英語にしてください。

> The following provision is hereby［①　「～を加える」の過去分詞］after the provision of Sub-Clause 5.2 of the Original Agreement.
>
> The provision of Sub-Clause 5.4 of the Original Agreement is hereby［②　「～を削除する」の過去分詞］
>
> The provision of Sub-Clause 7.2 of the Original Agreement is hereby deleted, and the［③　以下の］provision is hereby added.
>
> ［④　～を除く］as expressly set forth in the above, all the terms and conditions of the Original Agreement［⑤　～のままである］in effect.

●答え

① added　② deleted　③ following　④ except　⑤ remain

コラム⑫　～人が専門知識を手に入れるまでにたどる過程から
考える勉強方法～

　何かを学ぶ場合，おおむね，次のような経過をたどるといわれている。まず，学び始めた頃は，その分野について知識がゼロであった状態からどんどん知識が増えるので，急に自分ができるようになったように感じる。この段階は，学びに時間をかけただけわかってきたと感じることができるので，楽しさを感じることが多い。

　その後，ある程度知識が増えてくると，停滞期に入る。勉強はしているのに，なぜか最初の頃よりも難しいと感じるのである。知識も増えているはずなのに，実際に解ける問題の数はあまり増えていないように思えるかもしれない。いや，むしろ，学び始めの頃のほうが迷いなく問題に取り組めていたような気すらする。この段階になると，学ぶことがつらい，苦しい，と感じ，最悪の場合，「この分野は自分には向いていない」と判断し，学ぶことをやめてしまうこともあるかもしれない。しかし，それは実にもったいない。というのも，この停滞期を乗り越えた後に，その分野の専門家といえるレベルに到達できるチャンスがあるからである。

　最初の段階，つまり，学べば学ぶほど知識が身につき，できるようになっていったように感じることができたのは，繰り返しになるが，元々その分野において知識ゼロであったからである。実際には，学び始めの段階で解ける問題や解決できた仕事は，極めて簡単なレベルのものにすぎなかったのだが，学び始める前との比較で，なんだか急にいろいろなことができるようになったと感じられたのである。

　その後，学びを続けると，単に基本的な知識を当てはめれば解決できる問題ではなく，複数の知識の組み合わせや，原則と例外の区別などが必要になる問題が増えてくる。簡単にいえば，複雑な問題に遭遇するようになる。

　すると，得た知識を単純に当てはめるとたいてい間違うようになる。これは，学んだ知識を使う場面を整理できていないことから生じる。「この場合はこう考える，別の場合はこのように考える」といった区別ができていないので，こんがらがり，初期に学んだ知識すらも適切に使うことができなくなる。というよりも，実は，最初から，基本的な知識すら，本当の意味では使いこなせていなかったのかもしれない。学び始めた頃は，とにかく，新しく得た知識を使えば解ける問題だけであったから，知識の使い分け方や原則と例外の関係なども全く考える必要がなく，ただただ知識を振り回していれば何となく答えにたどり

着けていただけなのかもしれない。では，どうすればこの壁を乗り越えられるのか。

　停滞期に入ったと感じたら，初期に学んだ知識に戻り，その知識が使えるのはどのような場面だったのか？　という視点で学び直すのがよい。単に知識を丸暗記するのではなく，どの場面でどう使うのが正しいのかを丁寧に押さえていく。そうして，1つひとつの知識を問題に正しく適用できるように精度を上げていく。それを続ければ，やがて，停滞期を乗り越えることができる。

　逆に，停滞期に入る前の段階で，「この分野は見切った」とか，「マスターした」と感じ，それ以上その分野を学ぶ必要はない，と考える人も時々いる。そういう人は，実務において，本来はもっとしっかりと考え抜いて結論を出さなければならない場面で，「こんなの簡単だよ。」とあっさり正解を出せたように感じ，その人がついている立場によっては，組織もろとも誤った方向に引き連れていく可能性もある。これは，とても危険である。このような自分になることを防ぐ方法は，「学習には，通常，やればやるだけ自分のレベルが上がっていく期間の後に，停滞期があるものだ」ということを覚えておくことである。「まだ停滞期に入った覚えがない」という人は，まだ学びが足りていない段階である可能性が高い。それに気づければ，周囲の人や，その分野の識者に念のため相談してみようという気持ちが生まれる。そうすれば，大きな過ちを起こすリスクを減らすことができる。

　何かを学ぶ際には，①停滞期であきらめないようにすると同時に，②停滞期前でマスターしたと勘違いしないようにする。この2点に気をつけていただければと思う。

索　引

224

226

〔和　文〕

あ　行

か　行

【著者紹介】

本郷貴裕（ほんごう　たかひろ）

英文契約の個別指導・社内研修講師。資格スクエア英文契約書講座講師。
一橋大学大学院法学研究科修士課程修了。
株式会社東芝で企業法務として海外に発電所を建設するプロジェクト，国際仲裁案件，海外企業買収案件等多数の海外案件に携わる。
その後独立し，海外案件で活躍する日本人を育成したいと思い，英文契約，特に海外向けプラント・インフラ・その他の建設契約のチェックのしかたについて指導する本郷塾を立ち上げる。
これまで重電メーカー，重工メーカー，プラントエンジニアリング企業，建設会社，および総合電機等の営業・技術・法務部門を対象に個別指導・社内研修を実施。
2021年から，24時間いつでもパソコンから受講できるオンラインセミナーを開始。
著書に，『はじめてでも読みこなせる英文契約書』（明日香出版），『英文EPC契約の実務』（中央経済社），および『歴史が教えてくれる働き方・生き方』（明日香出版）などがある。
本郷塾ホームページ https://eln-taka.com

【参考例文チェック協力】

Vineet Gupta

Indian Law Partners 法律事務所　パートナー弁護士。
E-mail：vineet.gupta@ilps.in　ホームページ：http://ilps.in
インド会社法および商法を専門とし，インドにおける企業買収，合弁会社設立，事業提携，クロスボーダー取引，事業再編，銀行，金融，プライベートエクイティ投資，雇用法，不動産，および子会社設立等の経験が豊富。
これまでインドの他にロンドン，東京，およびドイツでの駐在経験があり，国際協力銀行（JBIC），三井物産，東芝，日本製紙，NTT，富士通ゼネラル，ユーシン，および森松など，様々な日系・海外企業によるインドへの進出を支援。
2019年には，国際ビジネス賞（International Business Award）を取得。また，国際法曹協会（International Bar Association）のメンバーでもある。
2021年には，India Business Law Journalにおいて，将来のインドにおけるリーガルリーダートップ50に選出された。
これまで様々な国際的なビジネス誌，新聞，および書籍にて，法律関係の解説を掲載している。

頻出25パターンで英文契約書の修正スキルが身につく

2022年2月1日　第1版第1刷発行
2024年2月25日　第1版第3刷発行

著　者　本　郷　貴　裕
発行者　山　本　　継
発行所　㈱中央経済社
発売元　㈱中央経済グループ
　　　　パブリッシング

〒101-0051　東京都千代田区神田神保町1-35
電話　03 (3293) 3371(編集代表)
　　　03 (3293) 3381(営業代表)
https://www.chuokeizai.co.jp
印刷／東光整版印刷㈱
製本／㈲井上製本所

© 2022
Printed in Japan

"重要英単語と例文"で

英文契約書の読み書きができる

本郷貴裕 [著]　　Ａ５判／316頁

初学者が英単語の穴埋め、英文の並べ替え練習をとおして、英文契約の重要事項を身につけることができる１冊。

【本書の構成】

第０章　はじめに

第１章　契約書とは何か？
　　　　契約書に定められている
　　　　３つのこと

第２章　基本的な表現と型

第３章　各契約の解説
　第１節　売買契約
　第２節　販売店契約
　第３節　M&A 契約
　第４節　ライセンス契約
　第５節　秘密保持契約
　第６節　合弁契約
　第７節　一般条項・その他

中央経済社